北京市属高等学校人才强教计划资助项目
教育部、财政部田径国家级教学团队立项项目

青少年功能性体能训练指导丛书

弹力带组合训练

李建臣 谭正则　主编

人民体育出版社

图书在版编目（CIP）数据

弹力带组合训练 / 李建臣, 谭正则主编. -- 北京 : 人民体育出版社, 2014 (2022.5重印)
（青少年功能性体能训练指导丛书）
ISBN 978-7-5009-4657-1

Ⅰ. ①弹… Ⅱ. ①李… ②谭… Ⅲ. ①青少年—体能—身体训练 Ⅳ. ①G808.14

中国版本图书馆CIP数据核字(2014)第075421号

*

人民体育出版社出版发行
三河兴达印务有限公司印刷
新　华　书　店　经　销

*

850×1168　32开本　4.75印张　140千字
2014年6月第1版　2022年5月第6次印刷
印数：10,001—11,500册

*

ISBN 978-7-5009-4657-1
定价：18.00元

社址：北京市东城区体育馆路8号（天坛公园东门）
电话：67151482（发行部）　邮编：100061
传真：67151483　邮购：67118491
网址：www.sportspublish.cn

编 委 会

主　编

李建臣　谭正则

副主编

王　宏（首都体育学院）

陈　召（郑州大学体育学院）

颜桂平（北京城市学院）

主　审

李鸿江

编　委

于传琪　文晓叶　白广娜　孙慧紫

李　灿　李幸幸　杜　鹏　肖欢欢

张明慧　张腾宇　张晓萌　胡亚川

姚雅美　梁　瑛

前 言

弹力带训练作为一种特殊的阻力训练，能有效增加肌肉力量、维度、耐力和爆发力，提高速度、力量、耐力、柔韧等素质，其简便性、实用性和有效性已得到业内人士的充分肯定和赞誉，且在国外竞技训练、康复治疗和大众健身领域得到了广泛运用。近年来，弹力带训练作为现代体能训练的重要组成部分被引入国内，但我国多数教练员对弹力带训练的认识尚处于初级阶段。显然，弹力带训练在运动训练领域还是一个待深入研究的课题，尤其是弹力带训练作为青少年体能训练的重要训练方法和手段值得高度重视。由于国内系统介绍专门性弹力带训练方法和手段的资料较为稀少，而且指导视频也相对匮乏，因此在专业和业余运动队、学校，以及大众健身领域的应用需求尚未得到满足。

为了全面提高青少年身体素质和专项体能水平，本书总结近年来从事田径教学训练的工作经验和多次国内外学习培训的心得，精心设计了多种利用弹力带开展的实用高效易学的体能训练方法和手段。

《弹力带组合训练》一书，简便易学地为广大读者介绍了弹力带训练的基本原理和体能训练基础知识，以图文并茂的方式介绍各种练习的目的、方法和要求。本书在编撰过程中借鉴了国外著名体能公司 **PERFORM BETTER** 的一些先进训练理念，并得到了北京市教学名师项目，以及国家社科基金重点项

目《全民健身服务体系创新理论与发展战略研究》课题组的全力支持，在此表示衷心感谢。我们从体能训练的实际需要出发，希望本书能够在现代体能训练的理念和训练方法上，给广大体育工作者和健身爱好者一定的指导与启发，也希望广大教练员能够不断学习、不断创新、举一反三、灵活运用、合理安排。

希望本书能够为增强青少年体质、促进青少年健康发展作出贡献，为全民健身和竞技体育服务，为努力推动我国由体育大国向体育强国迈进贡献一份力量。本书由李建臣、谭正则任主编，并由2011级研究生胡亚川对全书进行了统一串编、修改后定稿。由于作者水平有限，书中难免存在缺点和错误，热忱欢迎广大读者批评指正。

目　录

理论篇

弹力带训练概述

一、弹力带的发展和应用

弹性阻力训练工具早在100多年前便被应用于健身领域，主要用于女士的塑身美体及男士的力量训练和儿童成长训练。基于它的物理特性，20世纪60年代设计成力量及心肺训练仪器运用于太空站；20世纪六七十年代，康复治疗师将其应用于康复训练中，当时最常见的是用手术管或自行车内胎作为强化受伤肌肉的康复工具。到1978年，Hygenic公司（Akron，OH）的两名训练专家，设计开发了弹性渐进式抗阻训练的T—Band体系。在这个体系中，弹力带具有多种规格，用颜色代码（黄色、红色、绿色、蓝色、黑色和银白色）代表不同的伸长率和弹性系数，根据练习者力量的不同，可以选择适合的颜色的弹力带进行训练。由于弹力带的轻便、易于携带和使用方便，弹性阻力训练广泛应用于康复健身训练领域，一直沿用至今。在我国，弹力带训练的前身起源于利用各种废弃的汽车、自行车内胎进行简单的拉伸练习。随着科技的发展，以及对弹力带的认识，我国许多厂家也生产出了具有量化磅数的弹力带。研究证明，弹力带产生的力量曲线非常类似于人类关节运动产生的力量曲线。另外，弹力带抗阻训练不像一些典型的等张练习，只提供一些单关节面的运动，而是适合于一些多关节参与的机械性运动，如跑、跳、投等，同时对于机体功能性能力的提高也是一种理想的训练方式。弹力带还是青少年训练中不可缺少的一种训练器材。由于青少年儿童正处在身体发育阶段，既不能进行过大的负重练习，又不能承载过强的训练负

荷。弹力带正好弥补了青少年此阶段无器材可用的缺陷，在训练过程中既能充分利用弹力带的弹性适当加强运动的负荷，又能避免伤病的发生。在康复训练中，要注意负荷大小的把控、肌肉的收缩形式、关节轴的运动方式，以及关节的活动度。弹力带的负荷模式是可控的、渐进式的，其训练带给肌肉的收缩形式也是向心与离心交替进行的，关节轴的运动可以是多关节也可以是单关节的，同时可以在全活动度范围内给予肌肉负荷刺激。弹力带训练有改善机体机能水平和预防运动损伤的作用，在运动康复中的作用也正在经历着一个从注重治疗到注重预防的过程。

二、弹力带的主要特点和功能

（一）弹力带的物理特性

弹性阻力训练是一种非常特殊的阻力训练，其突出特点是材料提供的阻力是随着弹性体长度的变化而变化。力与长度的关系可以由胡克定律表示，即 $F=K\times S$（F 代表阻力，等于弹性体改变的长度与弹性系数 k 的乘积）。弹性体即使在最大延长状态下也会有弹性，并且其张力近似于线性，这就使我们有预见性地知道弹性体拉长后其力的大小。

在弹力带抗阻训练中，力的变化非常重要。不同类型的弹性材料产品（如弹力带或弹力管）能提供不同大小的力，但不管弹性材料外形如何变化（带状或管状），其拉伸力的物理特性则保持不变。弹力带或弹力管提供的阻力以弹性材料的数量为基础，厚的弹力带或弹力管相对薄的来说能够提供更大的阻力。弹力带的阻力大小，根据其相对静止时的伸长百分比来计算衡量，即力量伸长百分比定律。例如，弹力带或弹力管从30厘米拉长到60厘米（拉伸力100%）时所施加的外力，与相同规格颜色的弹力带或弹力管从60厘米拉长到120厘米时所施加的外力是等同的。下列公式为计算拉力的百分比：

$$拉力百分比 = \{(终长 - 始长) / 始长\} \times 100\%$$

因此，我们可以根据弹力带长度的变化评估训练时阻力的大小，并根据自身的情况选择合适长度的弹力带，此时拉力曲线近似于线性，其斜率也随着弹力带的硬度和直径的变化而变化。在弹力带渐进式训练系统中的每一种颜色（黄色、红色、绿色、蓝色、黑色和银白色）之间弹性力通常会有20%~30%的增加。

（二）方便简易性

弹力带抗阻训练最典型的特点是用一根长的弹力带或弹力管进行训练。仅用一根简易的弹力带，练习者就可以锻炼身体所有重要的肌肉群，而不用使用价格昂贵且体积较大的力量练习器械。例如，同样的力量练习可以用弹力带代替杠铃器械，因而省去了移动杠铃和安装器械的时间。弹力带是一种相对价格低廉、轻便、易于随身携带的训练工具，它的这些特点决定了弹力带抗阻训练不仅能够在高水平运动队开展，同时也能够很好地在基层、学校和训练条件简陋的地区开展。弹力带的轻便易携带，也为外出比赛时进行一些有针对性的力量训练和赛前热身辅助练习提供了硬件保障。

（三）运动轨迹不固定性

真实的运动是多个关节轴、多个运动面的综合反映。例如，在摔跤比赛中，攻击者在拉对手时，对手从无意识到有意识的反抗，其反抗的力越来越大，而且反抗的轨迹既不规则又不是直线。根据类似情况的专项用力特征，就要求在平时的训练中，要有这种多个平面、多种阻力变化、动作连贯的训练手段。传统的杠铃训练器械因受制于重力的影响很难实现这样的要求，而弹力带提供的阻力与重力无关，其阻力来源于弹力带本身的拉长而非地球引力，因此可以自由转动，并在任何姿态、任何平面训练到全身大部分的肌肉；训练时更自由、更多变、更能结合专项训练动作；模仿运动时肢体活动的轨迹，使训练效果更容易迁移，有利于提高运动水平，其功能性更强。

（四）安全有效性

传统杠铃负重训练，是一种在垂直面内进行的全身综合性最大力量训练手段，参与训练的肌群较多，薄弱处极易产生疲劳，疲劳产生后的训练就伴随着一定的受伤风险。与传统杠铃负重训练相比，弹力带抗阻训练大部分是以多肌群交替训练的模式进行，因此疲劳不容易积累，受训肌肉能很快得以恢复，受伤的几率就会减小。例如，传统的杠铃负重蹲起练习，是对双腿同时进行的训练，两腿大块肌肉群都动用参与运动，所以两腿肌群的神经会很快产生疲劳，产生疲劳后所需的恢复时间也较长，ATP / CP 再合成的时间也会比较长。然而，利用弹力带的训练则在一定程度上避免了这种不足，它可以采用双腿交替的方式进行练习，在这种情况下，神经不容易产生疲劳，训

练的时间和效果就可以得到更好的提升。另外，因脊柱是由许多与椎间盘相连的椎骨连接而成的，椎间盘由有弹性的外部环形纤维环及内部的髓核组成，可以承受一定的压力，具有减小震荡的作用，但当运动员进行杠铃负重蹲起训练时，持续地向脊柱施加压力会使椎间盘发生一定的损伤，造成脊柱的弹性和抗压能力下降。采用弹力带训练，弹力带的一端灵活的缠绕固定于躯干的某个部位，便于灵活地安排各个关节的力量训练，而另一端系在一些牢固的物体上，能保证安全，避免一些不必要的危险发生，也能避免对脊柱的损伤。传统的杠铃器械训练，为运动员提供了一个克服恒定重力阻力的负荷模式，阻力开始时很大，随着关节角度的变化，由于运动产生惯性，从而所需克服的阻力就会变小，动作后程用力不够，速度减慢。弹力带提供的阻力与重力无关，训练时不能借力产生惯性，其训练的效果更佳。

三、弹力带的训练依据

（一）生理学依据

弹力带抗阻训练主要可以从两个方面满足或尽可能接近力量发展的需要。一是参与运动的肌肉可以在力量训练时被充分调动起来。二是肌肉的工作方式、冲动频率，以及肌肉肌群间的配合符合力量发展的特点。肌肉力量练习的方法一般会采用等张收缩训练法（向心、离心、等速、超等长收缩训练）、等长收缩训练法。弹性抗阻训练并未显示出前面所提及的那些训练分类（等张、等速或等长收缩）中任何一种的典型特性，带

有弹性的阻力训练是独特的。当弹力带或弹力管被伸长的时候，力的可变性否定了弹性抗阻训练是等张训练的一种形式，并且随之而来的在拉伸率上的变化也否定了将其归类到等长训练之列。弹力带抗阻训练是一种综合多种收缩方式的练习，它的一系列收缩包括在相同肌腱内从离心收缩到向心收缩的快速转换。同时，在肌肉力量训练的过程中，必须充分考虑原动肌、拮抗肌、协助肌、稳定肌之间的相互联系。

弹力带提供的负荷是一种变化的负荷。这种渐进式的变化负荷在动作的离心阶段后期阻力会逐渐增大，这是因为动作在接近向心阶段末期时，需要增加力量来完成下一步的动作，而增加的这部分力量则是由于将肌肉离心收缩产生的弹性势能储存在肌肉中，在紧接的向心阶段末期时释放出来。作用于肌肉的负荷速度越高，关节转动的角速度越大，牵拉肌肉的速度越快，越有利于肌肉弹性能的储存。需要注意的是，肌肉收缩时的力学效果和做功能力，取决于肌肉收缩时所遇到的负荷大小。每一块肌肉都存在一个最佳负荷或最适初长度，此时收缩时可以产生最佳的效果。当逐渐增加肌肉负荷时，在其达到最佳长度之前，肌肉的收缩程度和做功能力会随着负荷的增加而加强，但在超过此限度之后，收缩的效果将会随着负荷的增加而减小。在利用弹力带进行的抗阻训练中，向心和离心运动快速交替进行，可以使肌肉中的弹性成分和收缩成分都受到负荷，因而能有效的发展快速力量。

力量的训练水平很大程度上决定于肌内协调和肌间协调。弹力带训练能够改变肌肉的结构，有效提高肌肉的协调性，从而提高肌肉力量。

弹力带的负荷特点是渐进的，会使运动神经元按照固有的顺序进行动员，随着负荷的增大，由控制不大到以明显降低收缩速度为代价的负荷程度，此时弹力带的特性满足练习爆发力的条件，因此，弹力带可以积极、有效地发展快速力量。同时弹力带所提供的负荷是一种交变负荷，这种负荷刺激作为一种外在刺激，能够激活肌梭中传入神经纤维的兴奋性，反射性地引起梭外肌纤维收缩，故能最大限度地募集运动单位参与活动。

（二）生物力学依据

在生物力学中，力矩是描述物体转动效果的物理量。力矩与力量有直接的关系，一个特定的关节运动，有一条力矩——关节角度曲线，这条曲线也称为力量曲线。力量曲线描述的是阻力和肌肉骨骼系统之间相互作用的曲线。一个关节的力量曲线和该关节上肌肉的长度——张力关系有关。一般来讲，肌肉力量的输出在其静止长度时是最大的。如果肌肉被拉长或缩短，它就没有更多的能力来产生更强大的力量。因此，肌肉的长度——张力关系曲线是一条递增——递减曲线，这条曲线和关节的力量曲线相似。经论证，在长度——张力曲线上，大约在肌肉静止长度的 70%~110%的这段区间内，肌肉能够产生更大的力量。

正确使用弹力带其提供的是递增——递减转矩曲线。这种曲线的特征与人类的力量曲线相似。因此，弹性抗阻训练能使运动员完成在关节活动范围内的所有运动，能够反映出关节活动过程中真实的转矩变化，且不会破坏运动员正确的用力结构。由抗阻所产生的力应该与关节本身的力量能力相等同，这就涉及到肌肉力量利用率的问题。任何力量训练的目的都是为了激发出更多的骨骼肌纤维参与运动。弹性抗阻训练在整个关节活动过程中都对肌肉施加负荷，并使其达到极限，这样就能够使肌肉受到最大程度上的激活从而获得更大的力量。

四、弹力带负荷的选取及其重要性

在力量训练中，采用不同的训练负荷会取得不同的训练效果，负荷施加的适宜，训练会取得理想的效果。训练中，大负荷会影响动作的速度，不宜建立快速的动作定型。小负荷又表现不出快速力量，因此一定强度的负荷是任何一种训练方法的重要组成部分。不同负荷的阻力训练可以获得以下三种不同的训练效果：

第一，增加肌肉力量（力量增加，动作更轻松）。

第二，增加肌肉围度（肌纤维变粗，围度增加）。

第三，增加肌肉耐力（重复动作多次，但无明显疲劳感）。

力量的增长、运动成绩的提高，关键是适宜负荷的选取。训练负荷的安排、施加力的类型应和运动员的个体能力及训练部位的组织特点相一致。根据 SA 功原则，机体各组织能根据外来特殊刺激使自己适应，但训练刺激一定要有足够的强度以引起机体的反应。为了避免在训练中出现过大或过小的负荷，就要求在训练开始之前，要有一套可靠、精确的训练处方，训练模式是与特定的训练目标有直接联系的。弹性抗阻训练的不同模式可以包括力量型训练、平衡活动性训练、心血管适应性训练、功能性训练及专项性训练。

任何抗阻训练的最终目的都是为了增强组织对外界刺激的承受适应能力，它包括对重力的承受、震动的缓冲，以及耐力、柔韧、协调能力方面的提高。这些能力的提高与完成训练负荷及完成的程度是分不开的。积极的训练负荷应该是介于让机体适应（生理负荷区域）与受伤（生理结构损坏区域）之间的一段区域。这些区域是由负荷和频率共同作用的。举例来说，高负荷伴随着低频率可能发生创伤，而低负荷高频率则可能导致重复性劳损。所以训练计划的安排应该是在超过生理负荷但并未引起损伤的区域内，来尽可能高地提高组织的耐受能力。

练习部位的力量或康复情况直接影响弹力带训练的功能，力量薄弱或有伤痛的部位所承受的负荷及频率要远低于正常的部位。这就决定了训练时必须采用适宜的负荷和方法。首先，运动员必须了解安全的训练方法以及训练负荷的特性（力和力矩）。力量强度的大小一定与力矩有关，抗阻训练中一定包含变量，例如，力的大小、力臂和在阻力起作用的区域中，力和运动方向之间的角度。如果这些变量的最大值都被考虑了，那么负荷效应通过力矩与关节角度曲线就能够很好地显示出来。

对于弹性抗阻训练及其他类型的抗阻训练，我们可以根据运动幅度产生的应用扭矩和阻力扭矩作为一种考虑因素来判断这种锻炼能否适宜、有效的应用到肌肉训练中去。弹力带的力量——拉伸曲线分为了三段区域，在延伸率前25%的区域内，由弹力带提供的阻力成指数增加，这是第一个区域；在延伸率的25%～50%的区域内，阻力与延伸率呈线性关系，这为第二个区域；剩下的第三个区域，阻力呈更加强烈的指数增加，直到超出拉伸范围。因此，有研究显示，运动员的训练一般选择在延伸率的25%~50%区域，并且通过对颜色的调换来增加抗阻，并不是通过进一步拉长弹力带来进行。那么，在训练过程中弹力带的拉长可能是用来补偿那部分因为力矩的改变而损失掉的阻力。

弹性抗阻训练的运动幅度是负荷的一个体现方面，因此在训练过程中，尤其是在康复训练过程中，应该确定适宜的运动

幅度。通常，首先进行小幅度练习，在这种保护型运动的前提下，逐渐加大运动的幅度。

由于弹力带不像杠铃那样能够简单的量化，因此进行弹力带训练时，需要调整弹力带的初始长度，并在尽全力的情况下将能完成的次数作为量化单位，即最大重复次数（RM）。

在关节活动范围内，所提供的阻力大小必须与过载原则和SAID原则相一致，才能使训练的效果达到最佳。因此，可以通过调整弹力带的余长来适应拉力的大小，这种拉力可以结合各种形式的动作来完成训练。

在力量训练中，采用不同的训练负荷会取得不同的训练效果，负荷施加的适宜，对快速力量的训练会取得意想不到的效果。训练中，大负荷会影响动作的速度，不宜建立快速的动作定型。小负荷又表现不出快速力量。有学者研究指出，采用本人最大力量的40%~80%的强度进行训练，可以兼顾速度和力量两方面的发展。王保成等指出，当练习的动作结构和肌肉工作状况接近比赛专项动作时，负荷阻力可以在最大力量的30%~50%范围内波动，并进一步指出，力量训练中负荷的波动幅度是很大的。

五、弹力带的使用原则及其注意事项

在开始使用弹力带进行力量训练前，要保证练习者有一定的力量基础。开始练习时要选用较轻的负荷进行，动作要有所控制，特别要注意对离心工作状态的适应，避免让弹力带在零负荷情况下回到自然状态。用弹力带进行抗阻训练，保持一个适合的姿势十分关键。标准的姿势对于发展核心力量和平衡能力很重要，同一个练习模式的不同身体姿势所产生的效果是不同的。一般情况下，弹力带牵拉的方向要与肌肉纤维受力运动的方向平行，在整个训练过程中，要特别注意动作完成的质量而不是数量。弹力带的使用，必须与专项高度的结合，保证所用方法与专项的用力结构、发力模式相一致。要均衡锻炼，过度锻炼同一组肌肉群会引致肌肉劳损、肌肉发展不平衡。训练时应按动作要领和训练要求进行锻炼，否则不当的训练会直接导致关节、肌肉的疼痛和受伤。

使用弹力带进行训练时应注意的事项：

(1) 在训练开始之前检查弹力带，特别是固定处，如果发现裂口，要及时更换。

(2) 确定弹力带系着的物体是稳定牢固的。

(3) 刚开始练习时，保证练习速度要慢，要有所控制，避免让弹力带在零负荷情况下急速回到自然状态。

(4) 在用弹力带练习时，避免出现尖利的物体划伤弹力带。

(5) 避免弹力带的固着点朝向脸，训练动作尽量不要在眼睛前进行，预防受伤。

(6) 不要超出弹力带的拉力承受范围，通常拉伸后的长度不要超过其自然状态的 3 倍。

(7) 使弹力带避免阳光的直射。

热身篇

训前准备部分

一、肌肉拉伸

在运动员进行训练之前，应进行部分牵伸运动，开展紧密结合专项和训练方式的准备活动，以取得更好的训练效果，避免一些不必要的运动损伤。在本章中，我们将详细介绍一些适宜的准备活动内容和形式，包括肌肉牵伸和神经肌肉动员，并围绕具体如何开展进行介绍。

练习 1　双膝跪姿牵拉

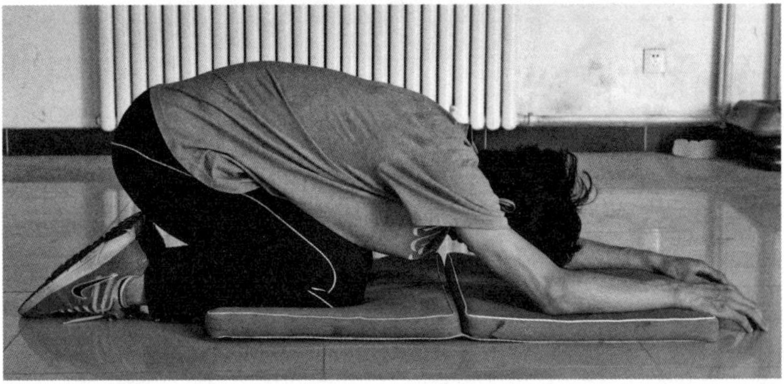

1. 牵拉方法：双膝跪地，身体前趴，双臂向前伸出，重心放在臀部。臀部后坐直至双脚脚后跟上，上体向前斜下方下压保持至感觉肌肉拉开为止。

2. 注意事项：身体下压到最大程度后保持静止，不要上下振动。

练习 2　髋部下压牵拉

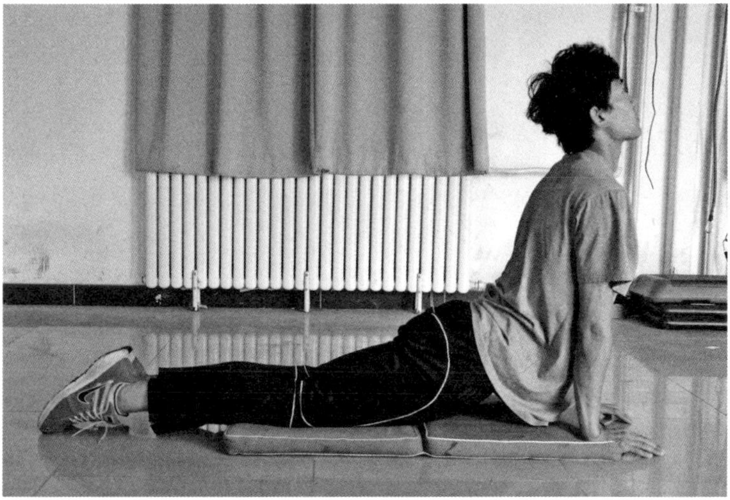

1. 牵拉方法：身体俯卧于训练垫上，双臂伸直支撑身体上起，髋部缓慢向斜下方下压保持至感觉肌肉拉开即可。

2. 注意事项：身体下压到最大程度后保持静止，身体不要前倾。

练习 3　腿部后群牵拉

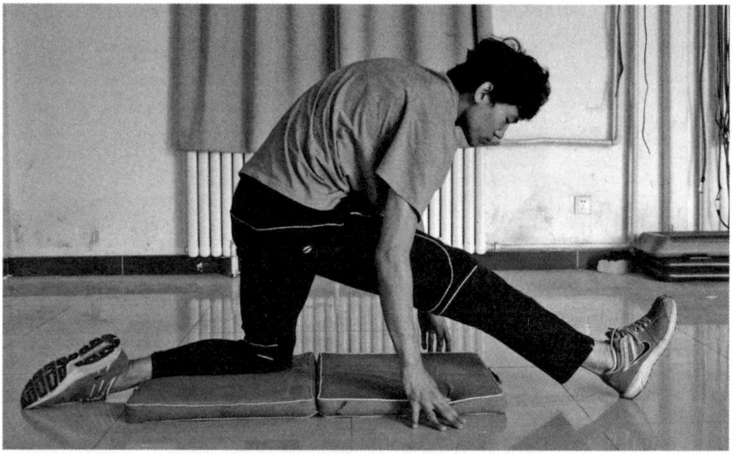

1. 牵拉方法：双腿前后支撑于训练垫上，双臂支撑，上体缓慢下压直至最大限度，保持 10~15 秒。双腿前后交替进行。

2. 注意事项：后方大小腿呈 90°，前方腿脚后跟支撑。

练习 4　腿部侧群牵拉

1. 牵拉方法：双腿左右支撑于训练垫上，身体前趴，双臂前伸，臀部向后下压直至最大限度，保持 10~15 秒。双腿左右交替进行。

2. 注意事项：重心放在臀部下压，牵拉腿的脚后跟不要随牵拉而翻转。

练习 5　腿部前群牵拉

1. 牵拉方法：双腿前后支撑于训练垫上，身体保持正直，双手扶后方脚脚面向上缓慢抬起至最大限度，保持 10~15 秒。双腿前后交替进行。

2. 注意事项：前方大小腿保持 90°，牵拉时身体保持平衡，避免左右晃动。

练习 6　跟腱牵拉

1. 牵拉方法：双手与单腿支撑，身体缓慢向后下方牵拉，10~15 次。双腿交替进行。

2. 注意事项：支撑腿脚尖支撑，可根据自己的情况来调整上体与腿的夹角，从而加大或减小难度。

二、神经肌肉动员

所谓神经肌肉动员就是指热身活动，目的是为进一步训练做好铺垫，能够让运动员的神经与肌肉系统充分动员起来，以达到一个高兴奋点的训练状态，这样才能够在接下来的训练中充分发挥运动员的能力，并且在训练结束之时能够较快地恢复到平静状态，从而有助于运动员的恢复。

练习 7　髋部激活练习

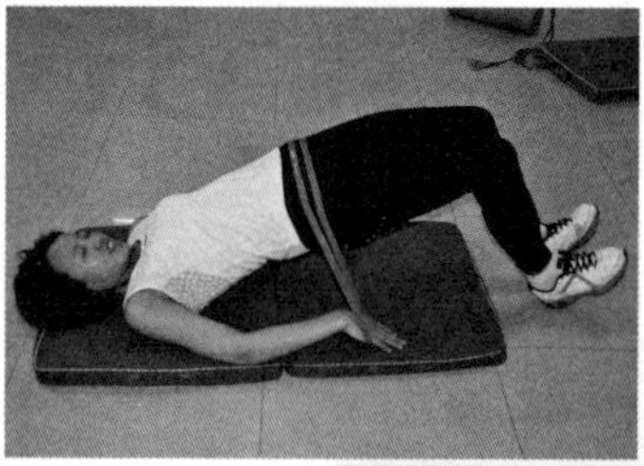

a

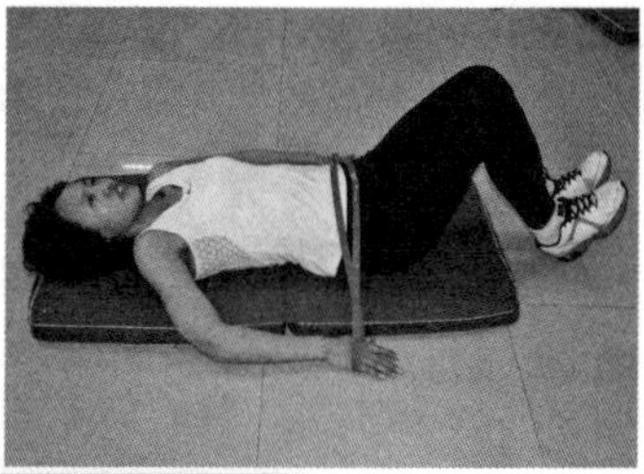

b

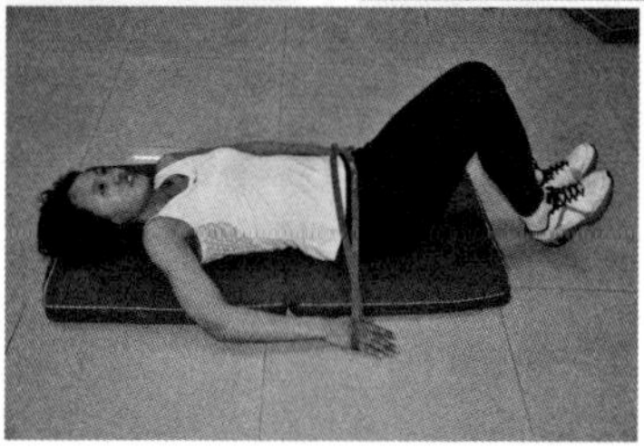

c

1. 开始姿势：仰卧于训练垫上，双腿成屈曲状，脚尖向上勾起，脚跟支撑于地面。弹力带环绕于双手手腕处于髋部上方呈绷紧状态。

2. 固定位置：弹力带环绕于双手手腕位置。

3. 训练方法：缓慢向上挺髋至髋部充分展开状态，然后缓慢还原至开始姿势。动作完成时间 1~2 秒，动作还原时间 2~3 秒。

4. 组次设计：10~15 次；2~3 组；间歇 30~60 秒。

5. 注意事项：挺髋时脚尖时刻保持向上勾紧状态，不抬头。

练习 8　弓步髋部下压

a 
b 
c 

1. 开始姿势：身体成弓步于训练垫上，双臂上举，双手紧握弹力带，弹力带保持绷紧状态。

2. 固定位置：弹力带固定在身体正后方的位置。

3. 训练方法：身体靠髋部下压带动身体前倾，下压至两条大腿成一条直线，然后缓慢还原到开始姿势。动作完成时间 1~2 秒，动作还原时间 2~3 秒。

4. 组次设计：10~15 次；2~3 组；间歇 30~60 秒。

5. 注意事项：体会靠髋发力带动身体前倾，身体不要后仰。

练习 9 单膝跪姿髋部外展

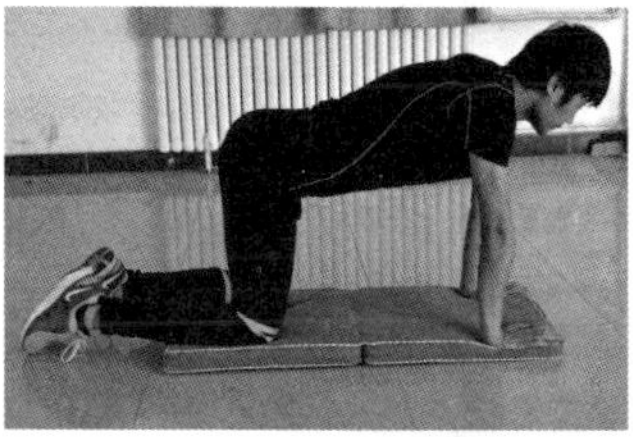
a

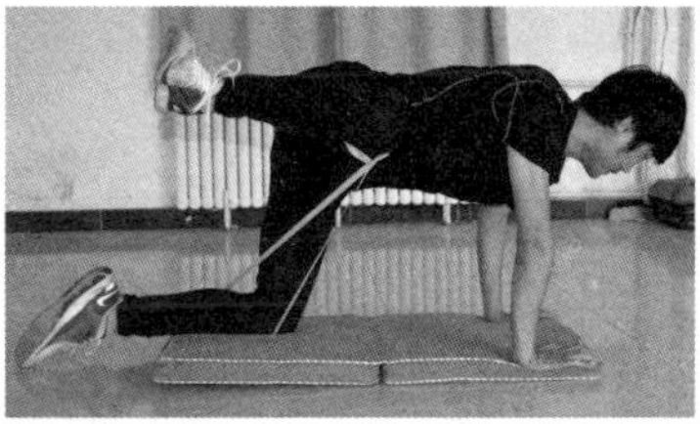
b

c

1. 开始姿势：双手双膝支撑于地面，掌心向前，弹力带分别绕过两腿膝盖上方，弹力带呈绷紧状态，大腿分别与髋部和小腿保持 90°。

2. 固定位置：弹力带分别固定于双腿膝盖上方的位置。

3. 训练方法：左腿缓慢做外展动作，直至与髋部呈水平状态，然后缓慢还原至开始姿势。动作完成时间 1~2 秒，动作还原时间 2~3 秒。

4. 组次设计：10~15 次；2~3 组；间歇 30~60 秒。

5. 注意事项：头部与上体保持一条直线，不塌腰，臀部不后坐，左腿外展时，身体不要随之转动。

练习 10　单膝跪姿肩部激活

a

b

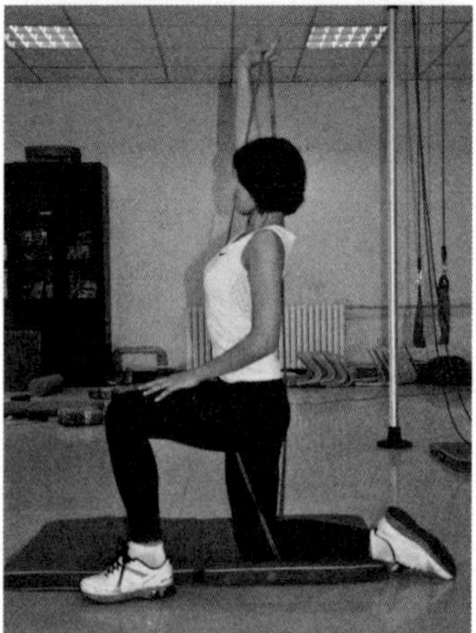
c

d

1. 开始姿势：弓步，右臂屈臂，肘关节向前，弹力带绕过右手拇指间呈绷紧状态，左臂微屈放于左大腿处。

2. 固定位置：弹力带固定于右膝下方的位置。

3. 训练方法：右臂缓慢向上推起，直至伸直，然后缓慢还原至开始姿势。动作完成时间 1~2 秒，动作还原时间 2~3 秒。

4. 组次设计：10~15 次；2~3 组；间歇 30~60 秒。

5. 注意事项：身体保持正直，双腿大腿与小腿弯曲分别成 90°，右腿膝盖垂直面不能超过左脚尖，抬头挺胸收腹，右臂上推时，身体保持稳定，不能晃动。

练习 11　双臂胸前上拉

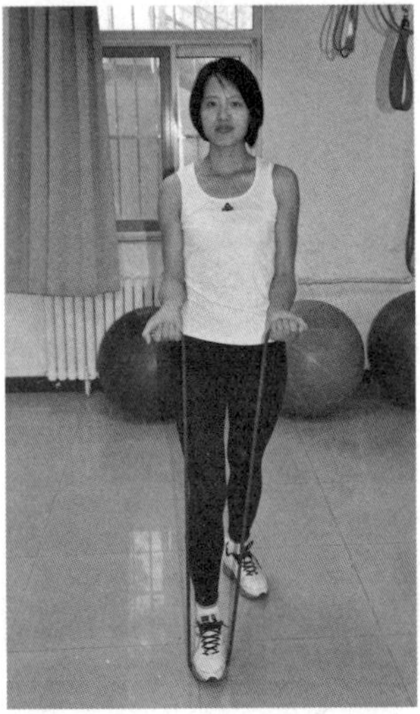
a

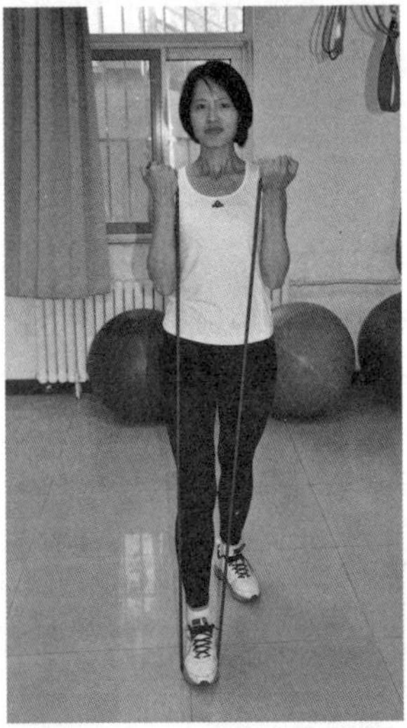
b

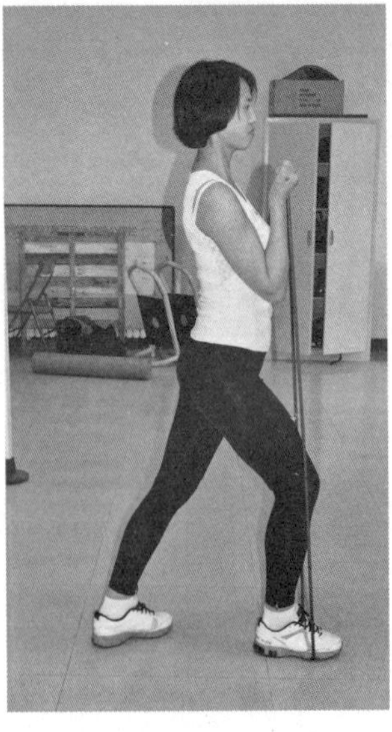
c

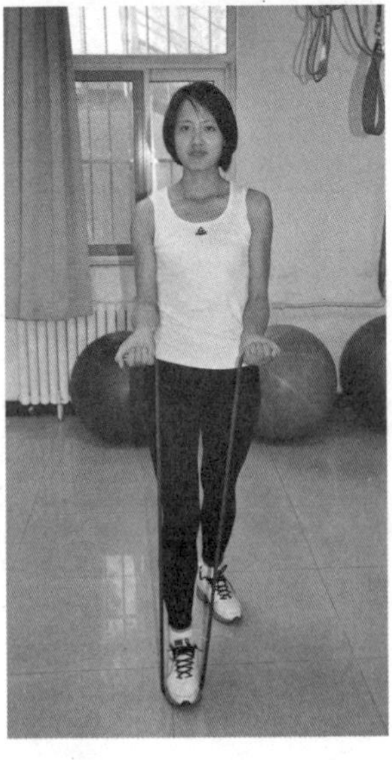
d

1. 开始姿势：双脚前后开立，脚尖向前，身体稍前倾，两手紧握弹力带，弹力带环绕于前脚下方，弹力带呈绷紧状态。

2. 固定位置：弹力带固定于前方脚底下方的位置。

3. 训练方法：双前臂缓慢向上方拉动，直至双臂达到最小角度，然后缓慢还原至开始姿势。动作完成时间 1~2 秒，动作还原时间 2~3 秒。

4. 组次设计：10~15 次；2~3 组；间歇 30~60 秒。

5. 注意事项：前臂上拉时，不弯腰、不前后晃动，身体保持稳定。

练习 12　侧平举

a

b

c

1. 开始姿势：双脚开立与肩同宽，脚尖向前，两臂自然下垂，两手紧握弹力带，弹力带环绕于双脚脚底下方，弹力带成绷紧状态，抬头微含胸。

2. 固定位置：弹力带固定于双脚脚底的位置。

3. 训练方法：双臂保持直臂缓慢分别向两侧上方拉动，直至双臂伸直呈侧平举状态，然后缓慢还原至开始姿势。动作完成时间 1~2 秒，动作还原时间 2~3 秒。

4. 组次设计：10~15 次；2~3 组；间歇 30~60 秒。

5. 注意事项：双臂侧拉时，身体不左右晃动，保持稳定。

练习 13　身体侧拉

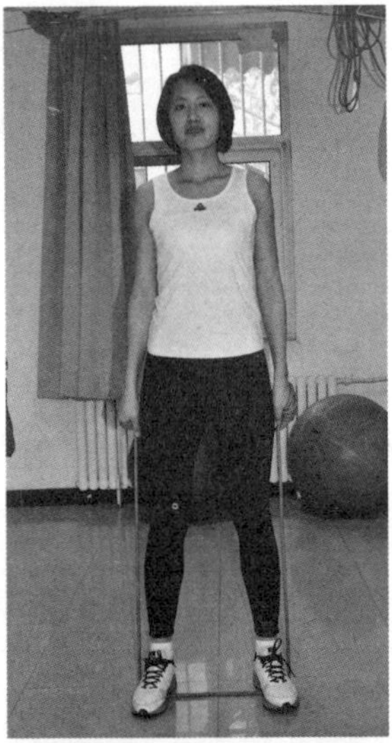
a

b

c

d

1. 开始姿势：双腿直腿站立于地面，两脚开立与肩同宽，身体保持正直，目视前方。弹力带环绕于双手手掌与双脚脚底，弹力带成绷紧状态。

2. 固定位置：弹力带固定于双脚下方的位置。

3. 训练方法：身体缓慢向左侧侧弯至最大程度，然后缓慢还原至开始姿势。左右交替进行，动作完成时间 1~2 秒，动作还原时间 2~3 秒。

4. 组次设计：10~15 次；2~3 组；间歇 30~60 秒。

5. 注意事项：侧弯时身体不要前后晃动，双臂始终保持直臂于身体两侧，双脚不能离地。

练习 14　横向移动动作激活

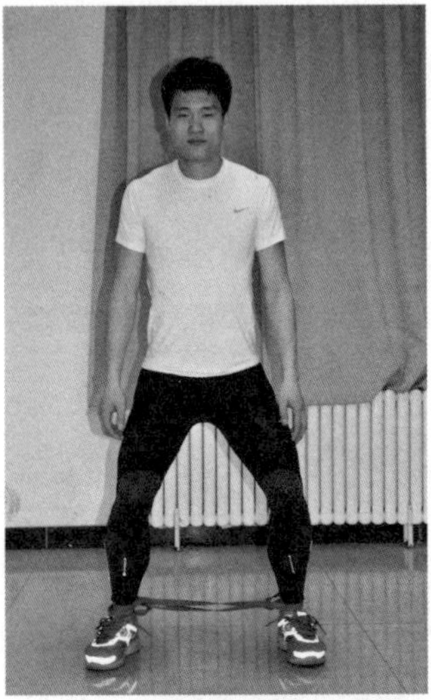
a

b

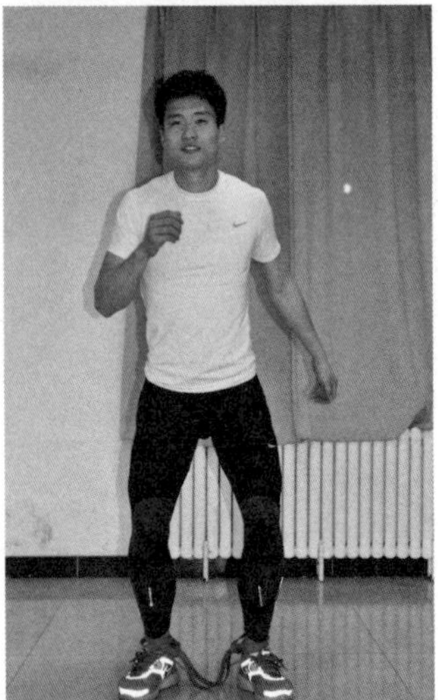
c

d

1. 开始姿势：上体保持正直，双脚开立与肩同宽，髋、膝微屈，双臂肘屈在身体两侧，脚尖向前，抬头收腹，微含胸。

2. 固定位置：弹力带环绕于双腿踝关节上方的位置。

3. 训练方法：左腿向左侧移动，左脚落地后右腿重复左腿动作，双臂配合摆动。动作完成时间 1~2 秒，动作还原时间 2~3 秒。

4. 组次设计：5~10 次；2~3 组；间歇 30~60 秒。

5. 注意事项：移动时上体保持正直，重心不要左右晃动。

练习 15　双牵拉腿部激活

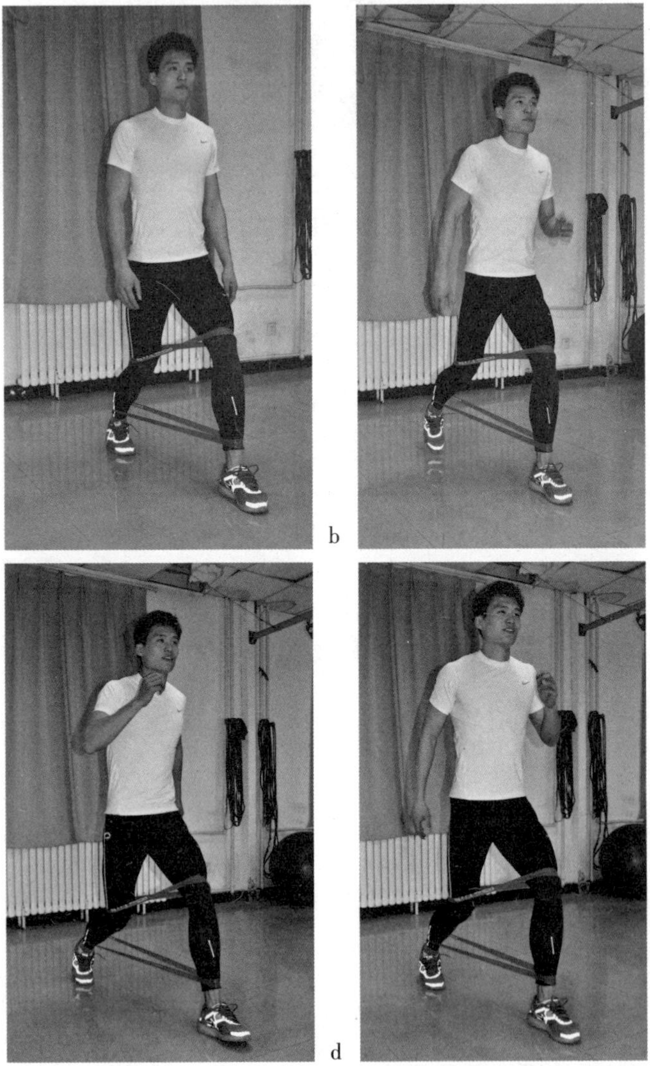

a b c d

1. 开始姿势：双腿微屈前后站立，后方脚前脚掌支撑于地面，两条弹力带分别环绕于两腿的膝关节和踝关节上方，弹力带保持紧绷状态。

2. 固定位置：两条弹力带分别环绕于膝关节和踝关节上方。

3. 训练方法：前方腿向前移动一小步，后方腿向前跟进呈开始姿势。动作完成时间 1~2 秒，动作还原时间 2~3 秒。

4. 组次设计：10~15 次；2~3 组；间歇 30~60 秒。

5. 注意事项：后方脚始终前脚掌支撑，后方脚跟进步幅不要过大，使弹力带始终保持紧绷状态。

实践篇

弹力带组合训练

一、上肢素质训练

人们在日常运动和生活当中，并不只是在单一平面下做垂直向前、向后或者横向移动的肢体活动。传统的器械训练多数是固定在单一平面下，针对单一关节、单一肌肉力量或维度增长进行训练，大大降低了训练效果。弹力带组合训练，不仅可以使身体多个关节在不同平面、不同角度下进行，还可以充分调动身体多个肌肉群同时参与训练，以此发展运动员的肌肉耐力，以及动作速度、动作幅度和动作频率等一般身体素质，提高训练效果，从而为专项成绩的提高打下良好的基础。

练习 16　俯卧撑

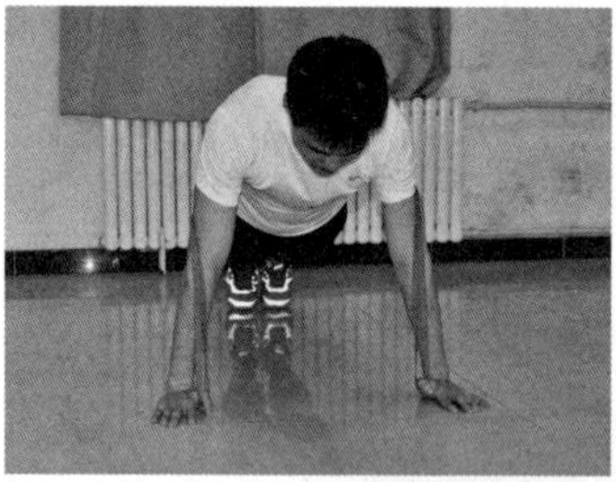
a

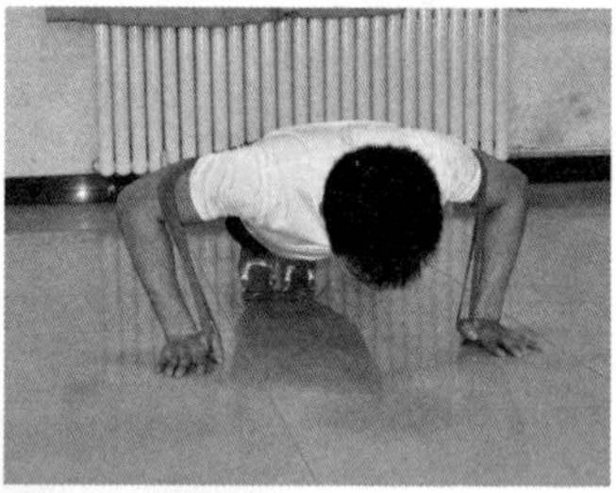
b

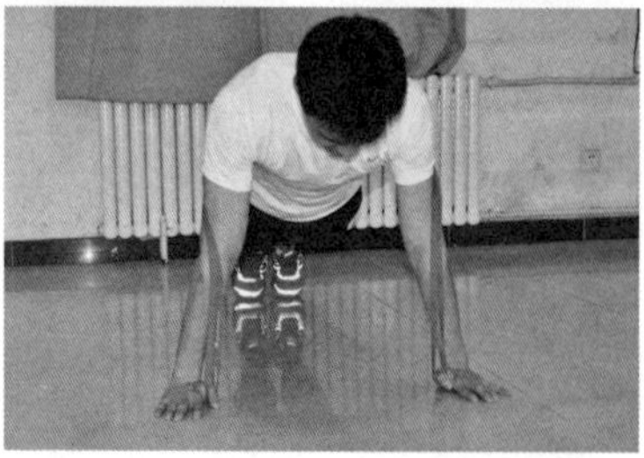
c

1. 开始姿势：双手手掌紧握弹力带作为支撑点，弹力带成绷紧状态，手指向前，双臂直臂展开与肩同宽，头、背部、腰部和臀部成一条直线。

2. 固定位置：双手持弹力带固定在双手掌下方的位置。

3. 训练方法：肘部下屈，直至上臂与前臂成 90°，然后缓慢还原到开始姿势。动作完成时间 1~2 秒，动作还原时间 2~3 秒。

4. 组次设计：10~15 次；2~3 组；间歇 30~60 秒。

5. 注意事项：弹力带力度大小要合适，整个动作过程中，身体始终呈一条直线，前脚掌支撑，腿部不要发力。

6. 训练部位：胸肌、肱三头肌、腹部肌。

练习 17　俯卧直臂横向移动

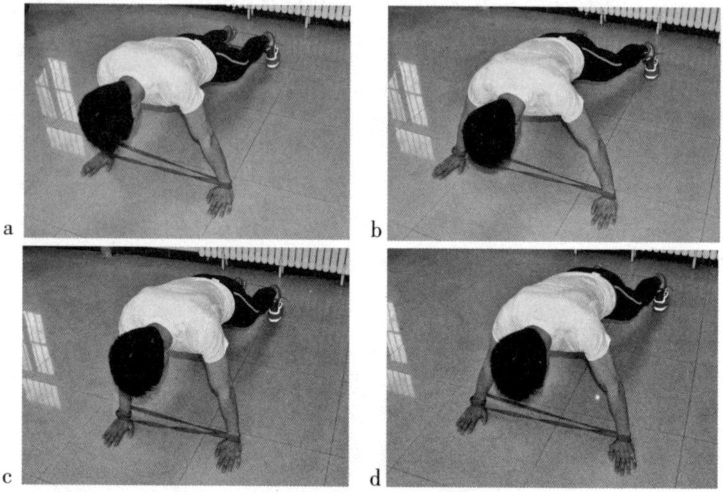

1. 开始姿势：身体成俯卧姿势，双臂保持直臂，双手开立略窄于肩，双腿开立略窄于髋，背部挺直，收紧腹部。

2. 固定位置：两条弹力带分别绕过双手手腕和双脚脚踝上方的位置。

3. 训练方法：左手与左腿支撑的同时，右手与右腿同时离地向右侧打开，然后右手与右腿支撑的同时，左手与左腿向右侧收回。动作完成时间 1~2 秒。

4. 组次设计：10~15 次；2~3 组；间歇 30~60 秒。

5. 注意事项：身体保持一条直线，抬头，不能塌腰，同侧手与腿移动时保持同步性。

6. 训练部位：肱桡肌、三角肌、股外侧肌。

练习 18　单膝跪姿向上屈臂摆动

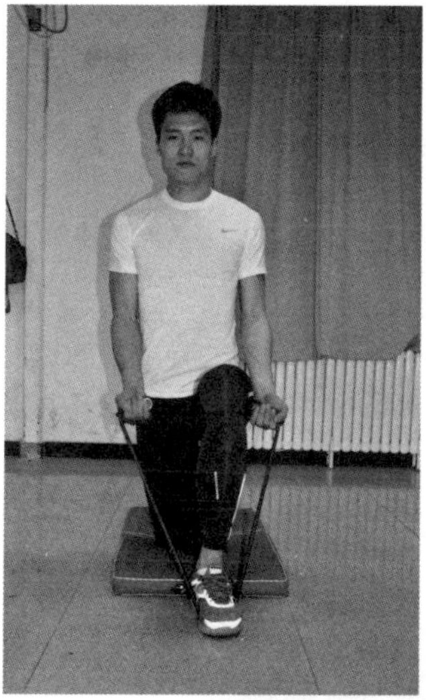

a

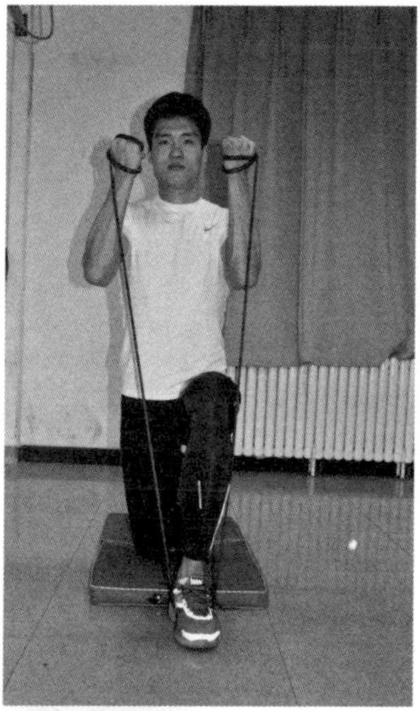

b

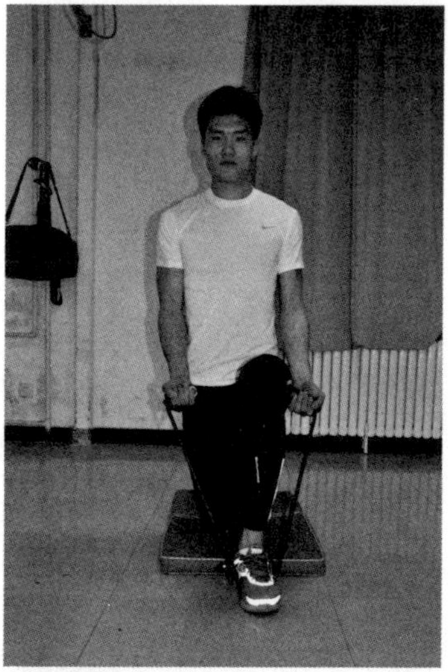

c

1. 开始姿势：弓步，双手紧握弹力带于体前两侧，弹力带成绷紧状态，拳心向上，背部挺直，收紧腹部。

2. 固定位置：弹力带固定于左脚下方的位置。

3. 训练方法：前臂用力做向上屈臂摆动，直至前臂与上臂成最小角度，然后缓慢还原至开始姿势。动作完成时间 1~2 秒，动作还原时间 2~3 秒。

4. 组次设计：10~15 次；2~3 组；间歇 30~60 秒。

5. 注意事项：前、后腿分别屈曲成 90°，左腿膝盖不能超过左脚尖，上体保持直立，抬头、挺胸、收腹。

6. 训练部位：桡侧腕屈肌腱、肱桡肌、肱二头肌。

练习 19　单膝跪姿双臂向上直臂摆动

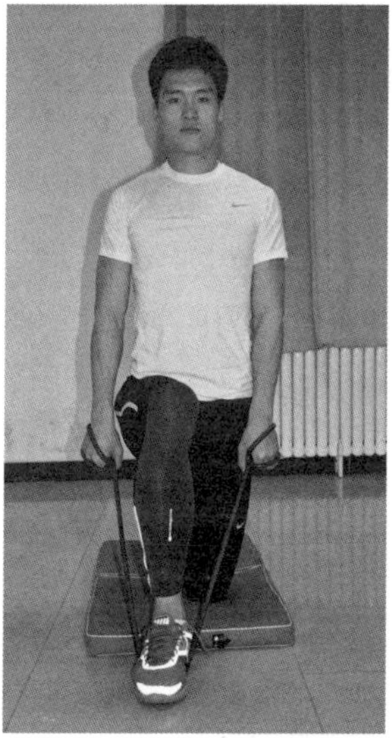
a

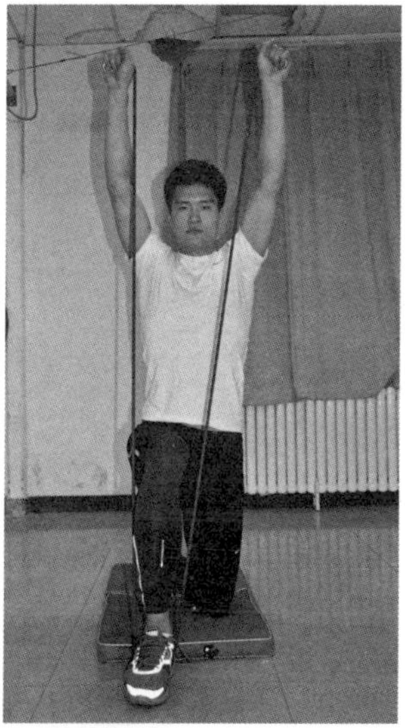
b

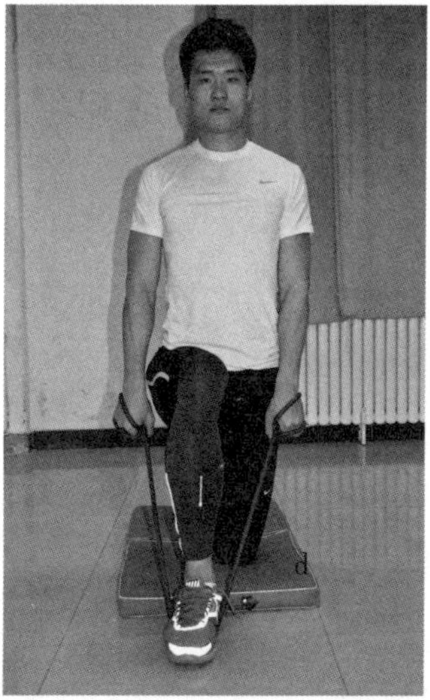
c

1. 开始姿势：弓步，双手紧握弹力带于体前两侧，弹力带成绷紧状态，手背向上，背部挺直，收紧腹部。

2. 固定位置：弹力带固定于右脚下方的位置。

3. 训练方法：双臂直臂向前上方摆动至头部两侧，与身体成一条直线，然后缓慢还原至开始姿势。动作完成时间 1~2 秒，动作还原时间 2~3 秒。

4. 组次设计：10~15 次；2~3 组；间歇 30~60 秒。

5. 注意事项：双臂保持直臂，前、后腿分别屈曲成 90°，右腿膝盖垂直面不能超过右脚尖，上体保持直立，抬头、挺胸、收腹。

6. 训练部位：肱三头肌、斜方肌。

练习 20　单膝跪姿单臂向上屈臂摆动

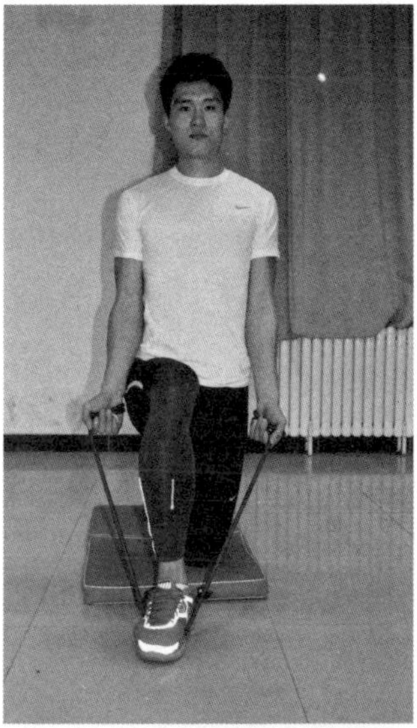

a

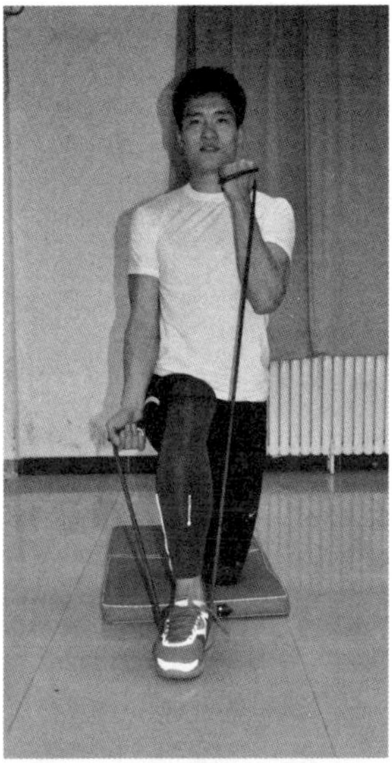

b

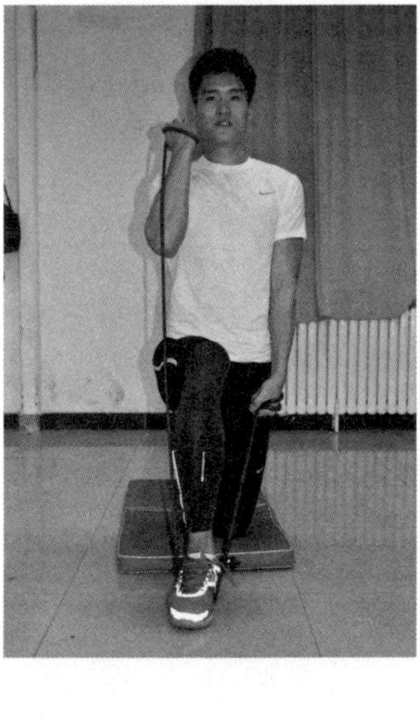

c

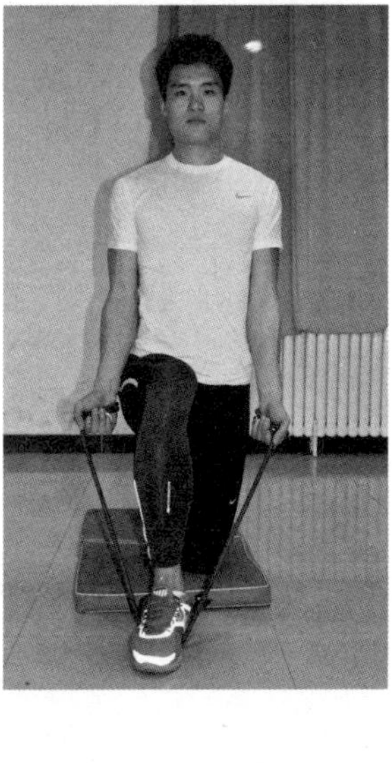

d

1. 开始姿势：弓步，双手紧握弹力带于体前两侧，弹力带成绷紧状态，拳心向上，背部挺直，收紧腹部。

2. 固定位置：弹力带固定于右脚下方的位置。

3. 训练方法：前臂用力做向上快速屈臂摆动，直至前臂与上臂成最小角度，然后缓慢还原至开始姿势。双臂交替进行。动作完成时间 1~2 秒，动作还原时间 2~3 秒。

4. 组次设计：10~15 次；2~3 组；间歇 30~60 秒。

5. 注意事项：前、后腿分别屈曲成 90°，右腿膝盖垂直面不能超过右脚尖，上体保持直立，抬头、挺胸、收腹，双臂交替快速摆动。

6. 训练部位：桡侧腕屈肌腱、肱桡肌、肱二头肌。

练习 21　单膝跪姿双臂侧平举

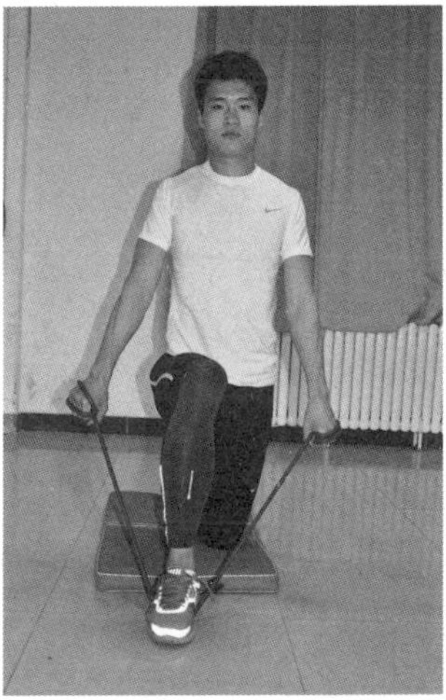

a

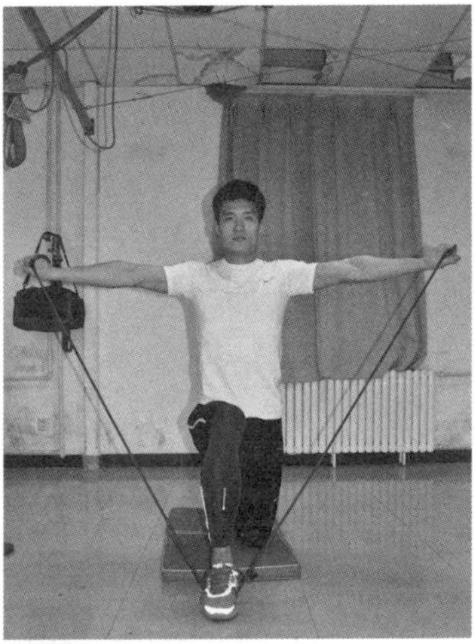

b

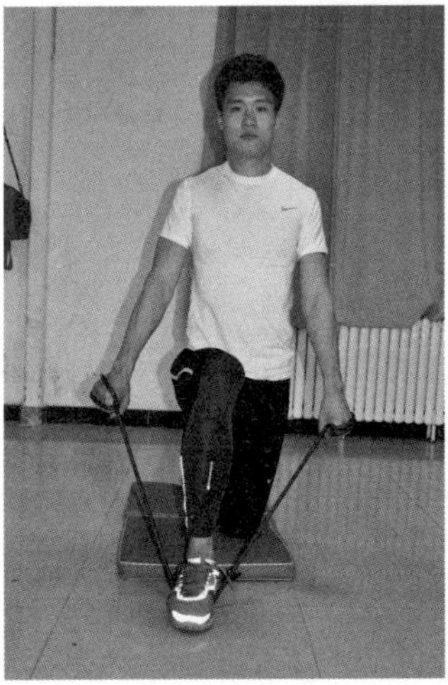

c

1. 开始姿势：弓步，双手紧握弹力带于体前两侧，弹力带成绷紧状态，手背向上，背部挺直，收紧腹部。

2. 固定位置：弹力带固定于右脚下方的位置。

3. 训练方法：双臂直臂向身体两侧上方摆动至与肩横轴平行，然后缓慢还原至开始姿势。动作完成时间 1~2 秒，动作还原时间 2~3 秒。

4. 组次设计：10~15 次；2~3 组；间歇 30~60 秒。

5. 注意事项：双臂保持直臂，前、后腿分别屈曲成 90°，右腿膝盖垂直面不能超过右脚尖，上体保持直立，抬头、挺胸、收腹。

6. 训练部位：斜方肌、三角肌、肘肌。

练习 22　屈体直臂上拉

a

b

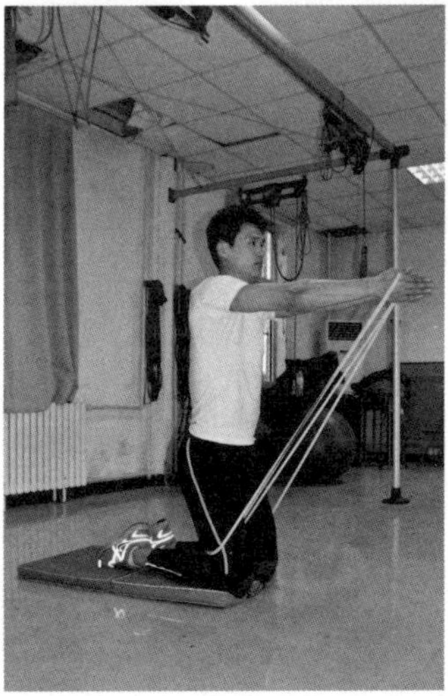
c

1. 开始姿势：双膝跪姿支撑于地面，体前屈约 60°左右，双臂直臂于体前，手指向下，弹力带绕过两手拇指间并环绕于膝盖上方。

2. 固定位置：弹力带固定于两手拇指间。

3. 训练方法：双臂缓慢向上拉起，上体逐渐挺直，直至呈一条直线，然后缓慢还原至开始姿势。动作完成时间 1~2 秒，动作还原时间 2~3 秒。

4. 组次设计：10~15 次；2~3 组；间歇 30~60 秒。

5. 注意事项：臀部不要后坐，拉起后上体保持正直，抬头挺胸，收紧腹部，不要塌腰。

6. 训练部位：背阔肌、三角肌、肱桡肌。

练习 23　单膝跪姿双臂体前平拉

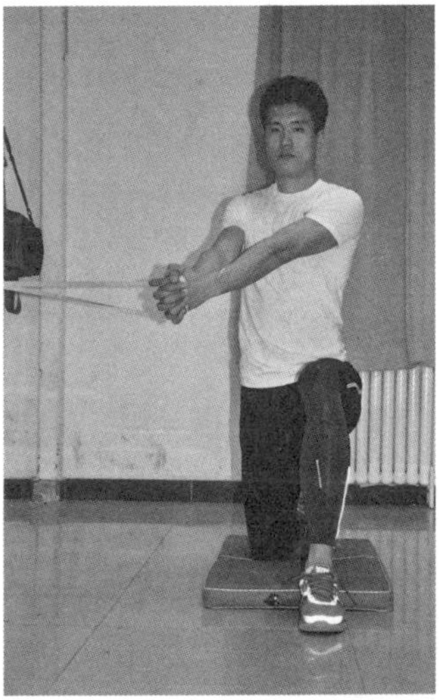

a

b

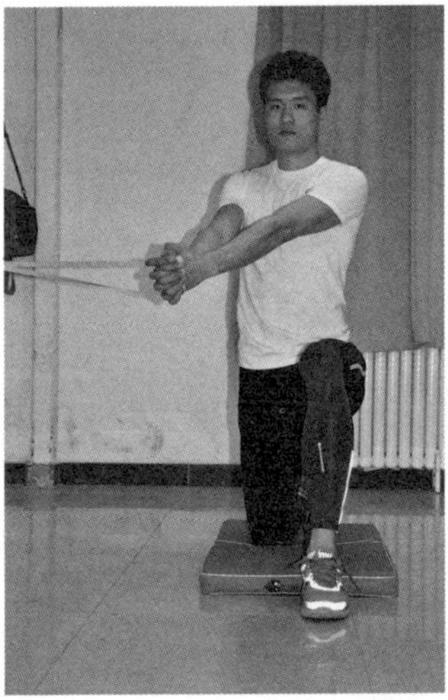

c

1. 开始姿势：弓步，双手十指相扣紧握弹力带，弹力带成绷紧状态，双臂保持直臂于身体右斜下方，抬头，背部挺直，收紧腹部。

2. 固定位置：弹力带固定于右侧稍高于髋的位置。

3. 训练方法：双臂直臂缓慢向左侧拉动，直至身体左斜前上方，然后缓慢还原至开始姿势。动作完成时间 1~2 秒，动作还原时间 2~3 秒。

4. 组次设计：5~10 次；2~3 组；间歇 30~60 秒。

5. 注意事项：前、后腿分别屈曲成 90°，左腿膝盖垂直面不能超过左脚尖，上体保持直立，抬头、挺胸、收腹，双臂拉动时，上体不能随之转动。

6. 训练部位：髋部肌肉群、肱三头肌、大圆肌。

练习 24　单膝跪姿双臂体上侧平拉

a

b

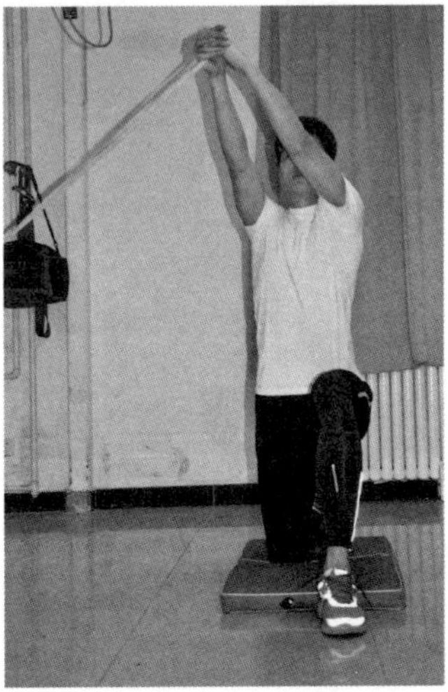
c

1. 开始姿势：弓步，双手十指相扣紧握弹力带，弹力带成绷紧状态，双臂保持直臂于身体右斜上方，抬头，背部挺直，收紧腹部。

2. 固定位置：弹力带固定于右侧稍高于髋的位置。

3. 训练方法：双臂直臂缓慢向左侧拉动，直至身体左侧上方，然后缓慢还原至开始姿势。动作完成时间 1~2 秒，动作还原时间 2~3 秒。

4. 组次设计：10~15 次；2~3 组；间歇 30~60 秒。

5. 注意事项：前、后腿分别屈曲成 90°，左腿膝盖垂直面不得超过右脚尖，上体保持直立，抬头、挺胸、收腹，双臂拉动时，上体不能随之转动。

6. 训练部位：背阔肌、屈肌、三角肌。

练习 25　单膝跪姿双臂前推

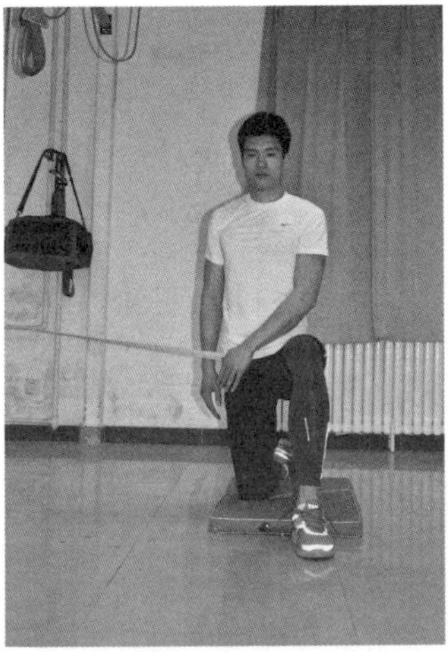

a

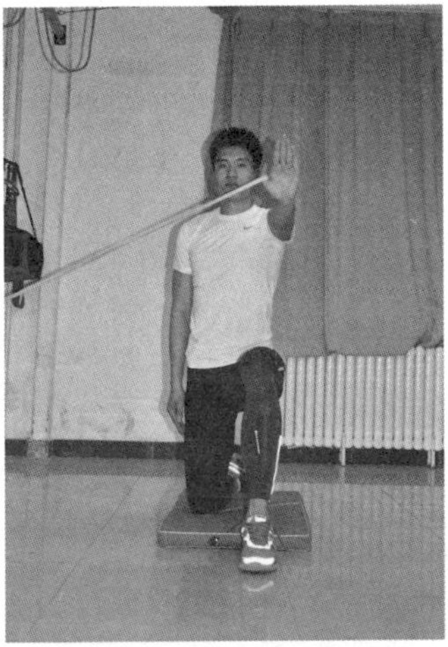

b

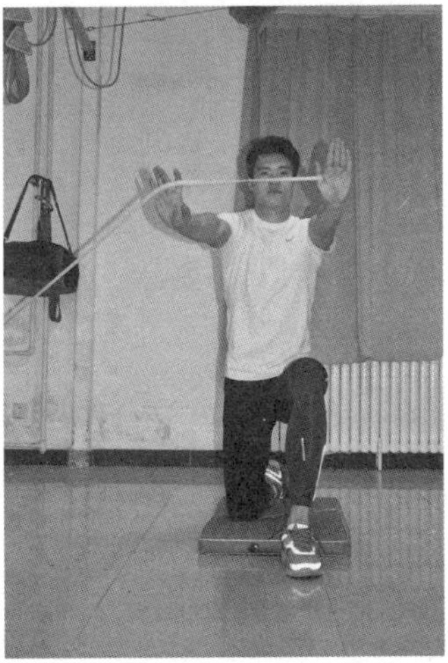

c

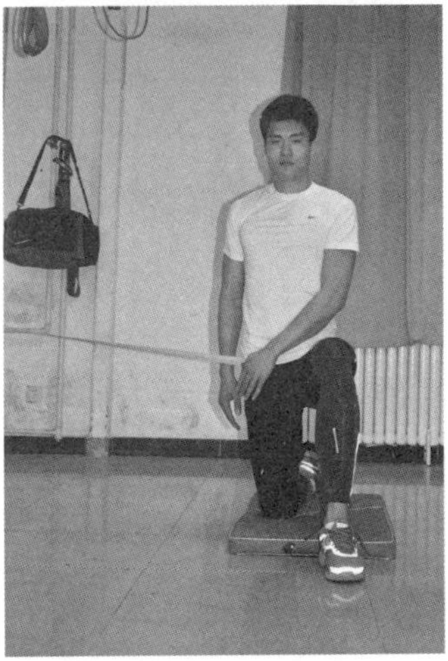

d

1. 开始姿势：弓步，弹力带绕过左手拇指间成绷紧状态，双臂屈臂贴于身体髋部右侧，抬头，背部挺直，收紧腹部。

2. 固定位置：弹力带固定于身体右侧与髋稍低的位置。

3. 训练方法：左臂缓慢向正前方推出，掌心向前，右手拇指间固定于弹力带中间位置，缓慢向右前方推出，然后缓慢还原至开始姿势。动作完成时间 1~2 秒，动作还原时间 2~3 秒。

4. 组次设计：10~15 次；2~3 组；间歇 30~60 秒。

5. 注意事项：身体保持正直，抬头挺胸收腹 90°，左腿膝盖垂直面不得超过左脚尖，抬头、挺胸、收腹，右臂前推时，左臂保持稳定，不能晃动。

6. 训练部位：指伸肌、肘肌、拇长展肌。

练习 26　半蹲单臂牵拉转体

a

b

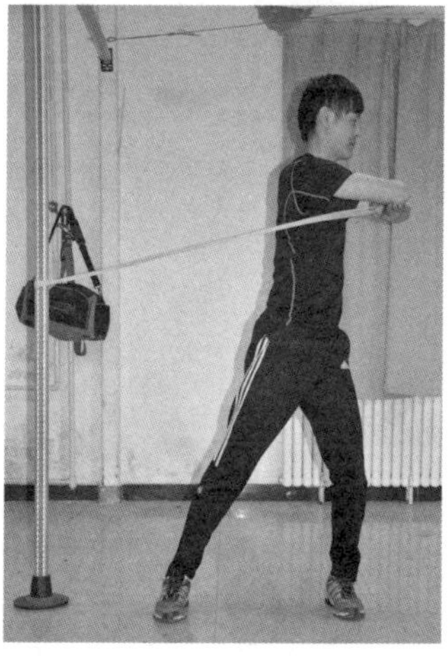
c

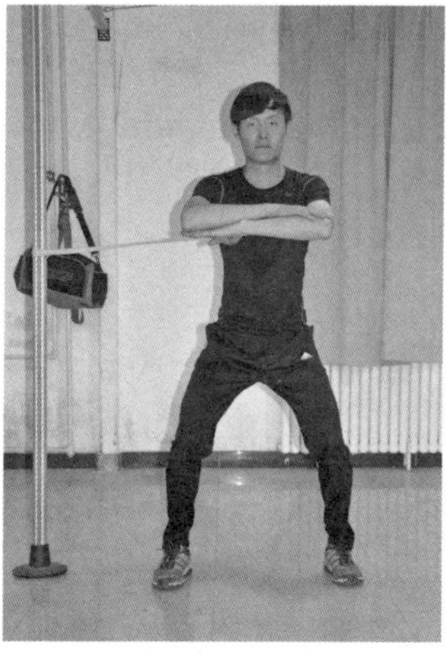
d

1. 开始姿势：身体成半蹲姿势，双臂屈臂叠加于胸前，弹力带环绕于外侧手臂手腕位置，成绷紧状态。

2. 固定位置：弹力带固定于身体正侧面的位置。

3. 训练方法：双脚蹬地，转髋，上体转动至面向正侧方，然后缓慢还原至开始姿势。动作完成时间 1~2 秒，动作还原时间 2~3 秒。

4. 组次设计：10~15 次；2~3 组；间歇 30~60 秒。

5. 注意事项：发力要连贯，体会由下而上发力的感觉。

6. 训练部位：臀大肌、肱三头肌。

练习 27　单膝跪姿单臂上推

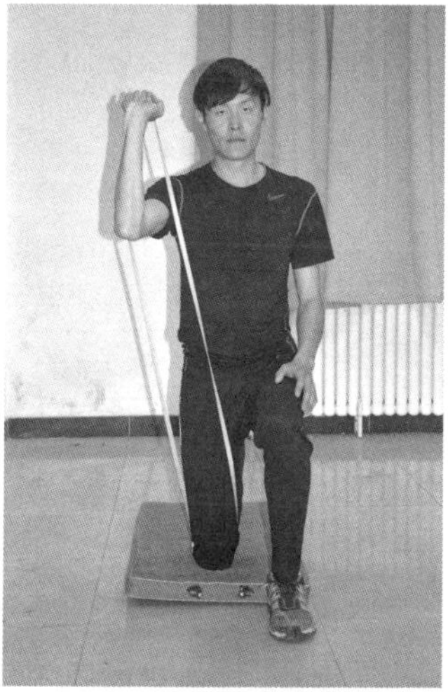

a

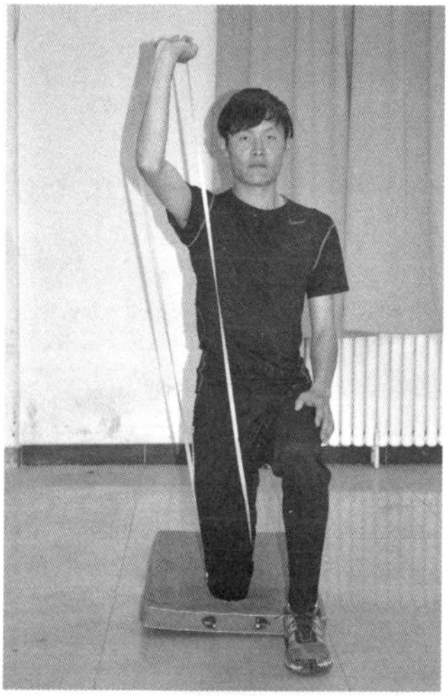

b

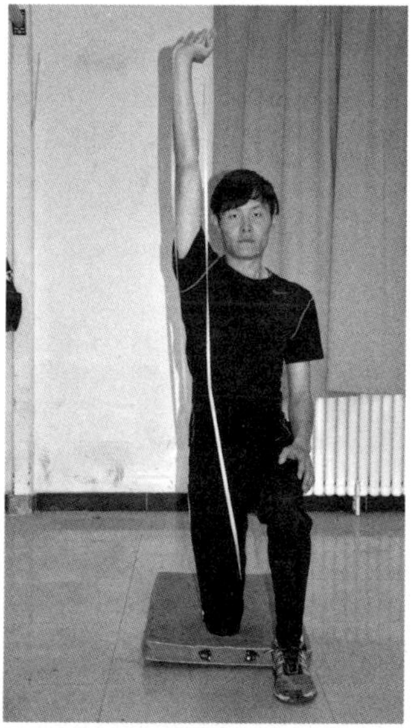

c

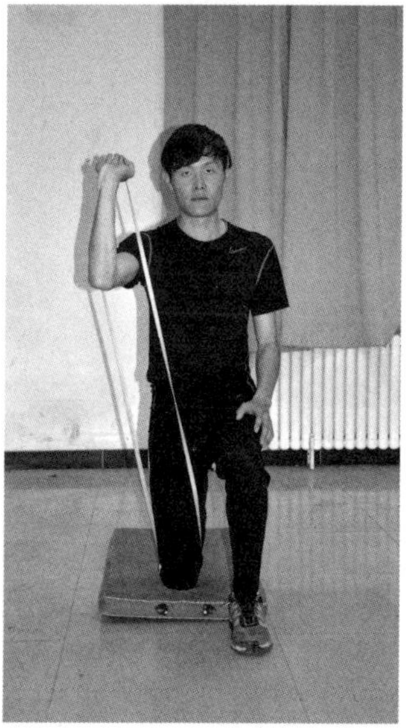

d

1. 开始姿势：弓步，右臂屈臂于头部右侧，肘关节向前，弹力带绕过右手拇指间成绷紧状态，左臂微屈放于左大腿处。

2. 固定位置：弹力带固定于右膝下方。

3. 训练方法：右臂缓慢向上推起，直至右臂伸直，然后缓慢还原至开始姿势。动作完成时间 1~2 秒，动作还原时间 2~3 秒。

4. 组次设计：10~15 次；2~3 组；间歇 30~60 秒。

5. 注意事项：身体保持正直，前、后腿分别屈曲成 90°，左腿膝盖垂直面不能超过左脚尖，抬头、挺胸、收腹，右臂上推时，身体保持稳定，不能晃动。

6. 训练部位：指伸肌、大圆肌、胸大肌。

练习 28　双膝跪姿单臂前摆

a　b　c　d

1. 开始姿势：双手双膝支撑于地面，掌尖向前，弹力带绕过右手拇指间并成绷紧状态，大腿分别与髋部和小腿保持 90°。

2. 固定位置：弹力带固定于右膝下方。

3. 训练方法：右臂直臂以右肩为轴向前上方摆动，直至与地面平行，然后缓慢还原至开始姿势。动作完成时间 1~2 秒，动作还原时间 2~3 秒。

4. 组次设计：10~15 次；2~3 组；间歇 30~60 秒。

5. 注意事项：头部与上体保持一条直线，不得塌腰，臀部不得后坐，单臂摆动时，身体保持正直。

6. 训练部位：肱三头肌、冈下肌、斜方肌。

练习 29　双膝跪姿单臂侧摆

a　b　c　d

1. 开始姿势：双手双膝支撑于地面，掌尖向前，弹力带绕过右手拇指间并成绷紧状态，大腿分别与髋部和小腿保持 90°。

2. 固定位置：弹力带固定于左膝下方。

3. 训练方法：右臂直臂以右肩为轴向侧上方摆动，直至与肩横轴平行，然后缓慢还原至开始姿势。动作完成时间 1~2 秒，动作还原时间 2~3 秒。

4. 组次设计：10~15 次；2~3 组；间歇 30~60 秒。

5. 注意事项：头部与上体保持一条直线，不得塌腰，臀部不得后坐，单臂摆动时，身体保持正直，不能随之转动。

6. 训练部位：三角肌、肱三头肌、肘肌。

练习 30　侧桥单臂侧平拉

a

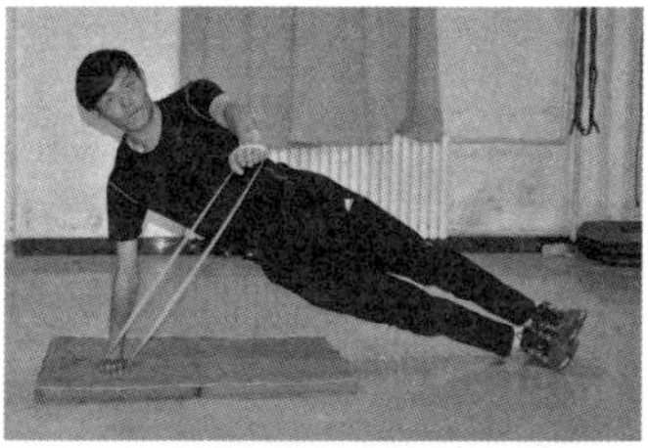

b

c

d

1. 开始姿势：右臂垂直于地面支撑，左臂于左肩正前方，双手紧握弹力带，弹力带成绷紧状态，右脚侧支撑于地面，身体成侧桥状态。

2. 固定位置：弹力带分别套在双手手掌中，从双手拇指间绕过。

3. 训练方法：左臂保持直臂向侧上方平拉，直至与肩横轴平行，然后缓慢还原至开始姿势。动作完成时间 1~2 秒，动作还原时间 2~3 秒。

4. 组次设计：5~10 次；2~3 组；间歇 30~60 秒。

5. 注意事项：身体从头到脚要保持一条直线，腰部不得下塌，上体保持稳定。

6. 训练部位：胸大肌、大圆肌、冈下肌。

练习 31　双臂胸前上拉

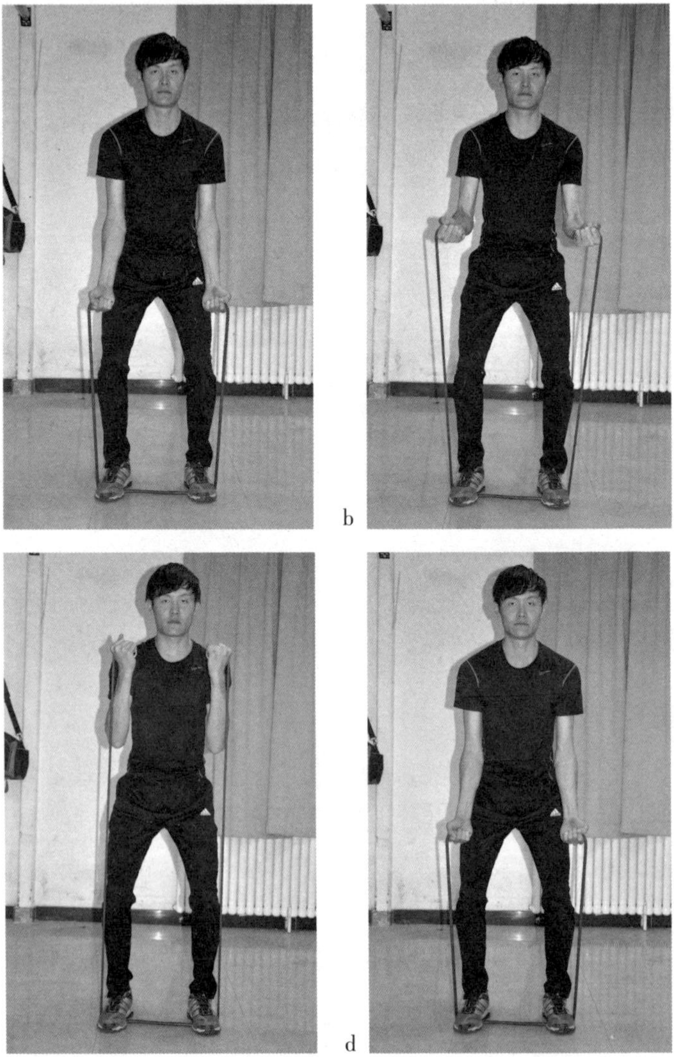

a　b　c　d

1. 开始姿势：双脚开立与肩同宽，两膝微屈，脚尖向前，双臂稍屈于髋部前方，两手紧握弹力带，弹力带环绕于双脚下方并成绷紧状态。

2. 固定位置：弹力带固定于双脚下方。

3. 训练方法：身体稍前倾，两前臂缓慢向上方拉动，直至双臂达到最小角度，然后缓慢还原至开始姿势。动作完成时间 1~2 秒，动作还原时间 2~3 秒。

4. 组次设计：10~15 次；2~3 组；间歇 30~60 秒。

5. 注意事项：前臂上拉时，不要弯腰，身体保持稳定，不要前后晃动。

6. 训练部位：桡侧腕屈肌腱、肱桡肌、肱二头肌。

练习 32　双臂侧拉回收

a

b

c

d

1. 开始姿势：两脚开立与肩同宽，两膝微屈，脚尖向前，身体稍前倾，双臂直臂于头部前上方，两手紧握弹力带，拳心向前，弹力带成绷紧状态。

2. 固定位置：弹力带固定于双手手中。

3. 训练方法：双臂缓慢向头顶上方拉动，至侧平举状态，然后缓慢还原至开始姿势。动作完成时间 1~2 秒，动作还原时间 2~3 秒。

4. 组次设计：10~15 次；2~3 组；间歇 30~60 秒。

5. 注意事项：双臂侧拉时，身体不要左右晃动，要保持稳定。

6. 训练部位：肱二头肌、斜方肌、大圆肌。

练习 33　双臂侧拉成侧平举

a

b

c

d

1. 开始姿势：双脚开立与肩同宽，身体保持正直，两前臂与上臂成 90°于头部两侧，两手紧握弹力带，弹力带成绷紧状态，抬头挺胸。

2. 固定位置：弹力带固定于双手手中。

3. 训练方法：两前臂缓慢向两侧拉动，直至伸直成侧平举状态，然后缓慢还原至开始姿势。动作完成时间 1~2 秒，动作还原时间 2~3 秒。

4. 组次设计：10~15 次；2~3 组；间歇 30~60 秒。

5. 注意事项：前臂侧拉时，身体不要左右晃动，要保持稳定。

6. 训练部位：肱二头肌、斜方肌、肘肌。

练习 34　侧平举

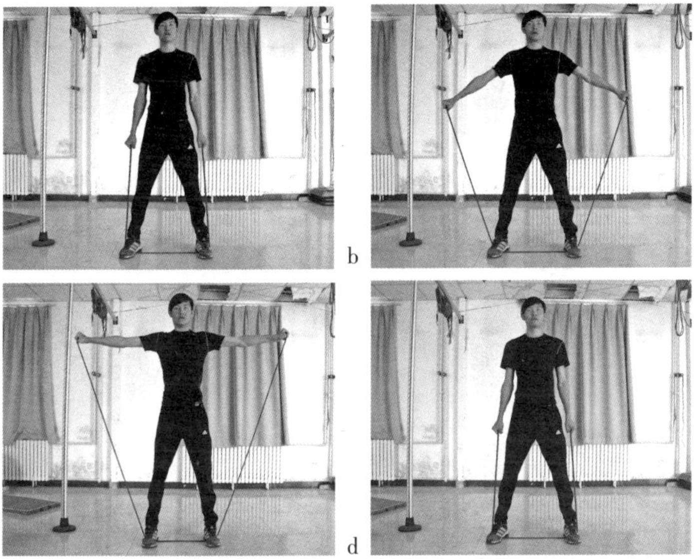

a　b　c　d

1. 开始姿势：两脚开立与肩同宽，身体保持正直，两手紧握弹力带。弹力带环绕于双脚脚底并成绷紧状态。

2. 固定位置：弹力带固定于双脚脚底。

3. 训练方法：双臂保持直臂缓慢向两侧侧上方拉动，直至伸直成侧平举状态，然后缓慢还原至开始姿势。动作完成时间 1~2 秒，动作还原时间 2~3 秒。

4. 组次设计：10~15 次；2~3 组；间歇 30~60 秒。

5. 注意事项：双臂侧拉时，身体不要左右晃动，要保持稳定。

6. 训练部位：斜方肌、三角肌。

练习 35　肩上双臂上拉

a　b　c　d

1. 开始姿势：双脚前后开立，双臂屈臂于头部两侧，拳心相对贴于双肩上方，弹力带环绕于身后脚下并成绷紧状态。

2. 固定位置：弹力带固定于后方脚底下方。

3. 训练方法：身体稍前倾，两前臂缓慢向前上方拉动，直至双臂成直臂状态，然后缓慢还原至开始姿势。动作完成时间 1~2 秒，动作还原时间 2~3 秒。

4. 组次设计：10~15 次；2~3 组；间歇 30~60 秒。

5. 注意事项：前臂上拉时，身体稍前倾，不要弯腰，还原至开始姿势时，身体不要后倾，保持直立。

6. 训练部位：肘肌、肱三头肌、背阔肌。

二、下肢素质训练

在运动训练中，下肢素质训练非常重要，它对专项成绩的发挥有着直接的影响。通过借助弹力带设计一些下肢素质练习手段，从不同角度发展下肢素质训练，提高下肢速度、力量、耐力以及动作控制能力，能够避免下肢肌肉弹性降低、横断面积增大，以及灵敏性降低等情况的发生，有效提高下肢素质，为进一步进行专项技术训练打下良好的基础。

练习 36　牵拉双腿小步向后走

a　b　c　d

1. 开始姿势：身体稍前倾，双脚前后站立，髋膝微屈，脚尖向前。弹力带环分别绕于两脚踝上方并成绷紧状态。

2. 固定位置：弹力带分别绕于两脚踝上方。

3. 训练方法：前方脚保持不动，后方脚缓慢向后移动，后方脚落地后前方脚向后缓慢移动并还原至开始姿势。动作完成时间 1~2 秒，动作还原时间 2~3 秒。

4. 组次设计：15~20 次；2~3 组；间歇 30~60 秒。

5. 注意事项：弹力带要始终保持紧绷状态，后方脚移动距离尽量远，前方脚要稳住，从而给予适当的阻力，双脚移动时不应抬得过高。

6. 训练部位：胫骨前肌、腓肠肌、股直肌。

练习 37 牵拉双腿小步向前走

a b c d

1. 开始姿势：身体稍前倾，双脚前后站立，髋膝微屈，脚尖向前，弹力带环分别绕于两脚踝上方并成绷紧状态。

2. 固定位置：弹力带分别绕于两脚踝上方。

3. 训练方法：后方脚保持不动，前方脚缓慢向前移动，前方脚落地后后方脚向前缓慢移动并还原至开始姿势。动作完成时间 1~2 秒，动作还原时间 2~3 秒。

4. 组次设计：15~20 次；2~3 组；间歇 30~60 秒。

5. 注意事项：弹力带要始终保持紧绷状态，前方脚移动距离尽量远，后方脚要稳住，从而给予适当的阻力，双脚移动时不应抬得过高。

6. 训练部位：腓骨短肌、腓肠肌、股直肌。

练习 38 牵拉双腿小步横向移动

a b c

1. 开始姿势：上体稍前倾，双脚左右开立与肩同宽，髋膝微屈，脚尖向前，弹力带环绕于髋部并成绷紧状态。

2. 固定位置：弹力带分别绕于两脚踝上方。

3. 训练方法：右脚保持不动，左脚缓慢向左移动，左脚落地后右脚向左缓慢移动并还原至开始姿势。动作完成时间 1~2 秒，动作还原时间 2~3 秒。

4. 组次设计：15~20 次；2~3 组；间歇 30~60 秒。

5. 注意事项：弹力带要始终保持紧绷状态，左脚移动距离尽量远，右脚要稳住，从而给予适当的阻力，双脚移动时不应抬得过高。

6. 训练部位：腓骨长肌、股外侧肌、趾长伸肌。

练习 39　牵拉单腿向前直腿摆动

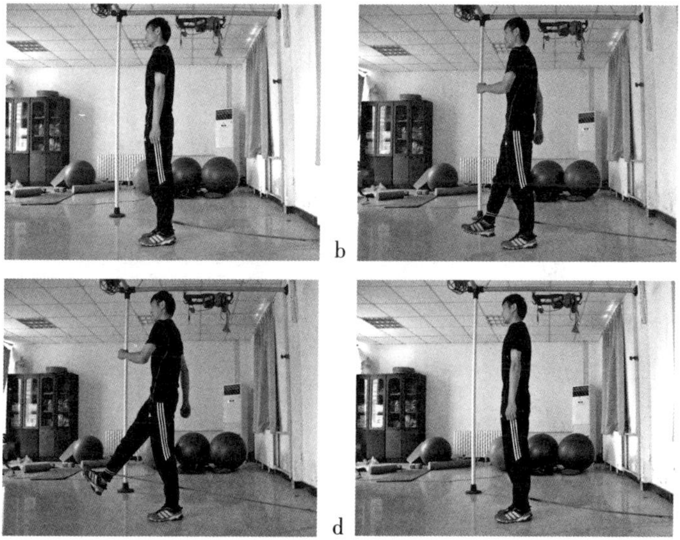

a　b　c　d

1. 开始姿势：上体保持正直，双脚左右开立稍窄于髋，脚尖向前，抬头收腹，微含胸，弹力带绕过左腿踝关节上方并成绷紧状态。

2. 固定位置：弹力带固定于身体后侧。

3. 训练方法：左腿支撑，右腿直腿缓慢向前摆动，双臂配合摆动，然后缓慢还原至开始姿势。动作完成时间 1~2 秒，动作还原时间 2~3 秒。

4. 组次设计：10~15 次；2~3 组；间歇 30~60 秒。

5. 注意事项：右腿摆动时，身体不要前倾后仰，不要低头。

6. 训练部位：臀大肌、股四头肌、股直肌。

练习 40　牵拉单腿向后直腿摆动

a　b　c　d

1. 开始姿势：上体保持正直，双脚左右开立稍窄于髋，脚尖向前，抬头收腹，微含胸，弹力带绕过左腿踝关节上方并成绷紧状态。

2. 固定位置：弹力带固定在身体前方。

3. 训练方法：左腿支撑，右腿直腿缓慢向后摆动至约半步距离的位置，双臂配合摆动，然后缓慢还原至开始姿势。动作完成时间 1~2 秒，动作还原时间 2~3 秒。

4. 组次设计：10~15 次；2~3 组；间歇 30~60 秒。

5. 注意事项：右腿摆动时，身体不要前倾、不要低头。

6. 训练部位：腓肠肌、臀大肌、股二头肌、大收肌。

练习 41 牵拉单腿向内侧直腿摆动

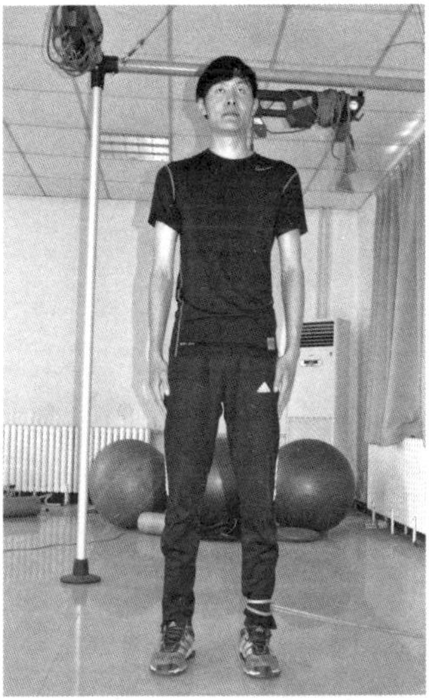
a

b

c

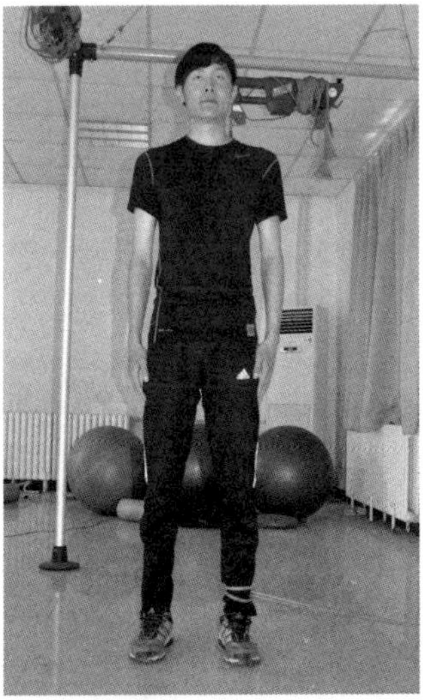
d

1. 开始姿势：上体保持正直，双脚左右开立稍窄于髋，脚尖向前，抬头收腹，微含胸，弹力带绕过左脚踝关节上方并成绷紧状态。

2. 固定位置：弹力带固定于身体左侧。

3. 训练方法：右腿支撑，左腿直腿缓慢向右摆动，双臂配合摆动，然后缓慢还原至开始姿势。动作完成时间 1~2 秒，动作还原时间 2~3 秒。

4. 组次设计：10~15 次；2~3 组；间歇 30~60 秒。

5. 注意事项：左腿摆动时，身体不要左右转动不要低头。

6. 训练部位：比目鱼肌、腓骨长肌、缝匠肌、股内侧肌、阔筋膜张肌。

练习 42　牵拉单腿向外侧直腿摆动

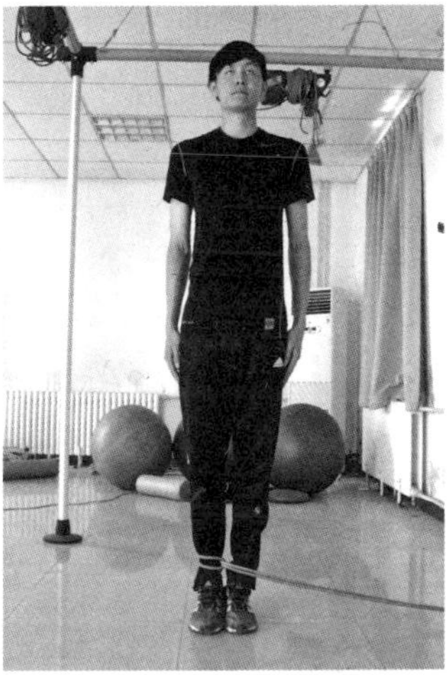

a

b

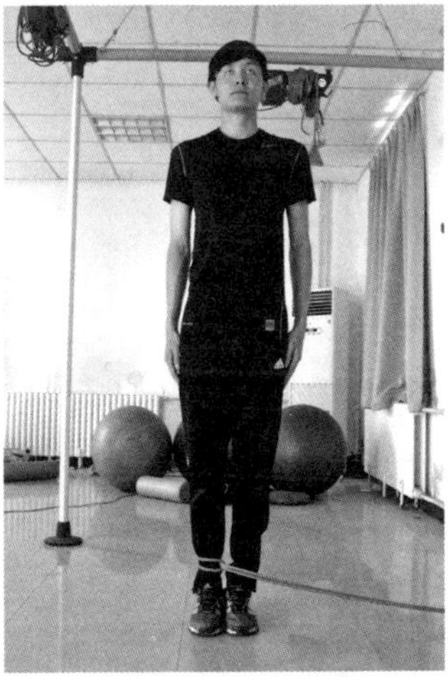

c

1. 开始姿势：上体保持正直，双脚并拢，脚尖向前，抬头收腹，微含胸，弹力带绕过右腿踝关节上方并成绷紧状态。

2. 固定位置：弹力带固定于身体右侧。

3. 训练方法：左腿支撑，右腿直腿缓慢向外侧摆动，双臂配合摆动，然后缓慢还原至开始姿势。动作完成时间 1~2 秒，动作还原时间 2~3 秒。

4. 组次设计：10~15 次；2~3 组；间歇 30~60 秒。

5. 注意事项：右腿摆动时，身体不要左右转动，不要低头。

6. 训练部位：胫骨前肌、趾长伸肌、股四头肌、髂腰肌。

练习 43　半蹲横向蹬伸移动

a

b

c

1. 开始姿势：上体保持正直，双脚左右开立与肩同宽，髋膝微屈，脚尖向前，弹力带环绕于髋部并成绷紧状态，抬头收腹，微含胸。

2. 固定位置：弹力带固定于左侧教练员手中。

3. 训练方法：右腿保持微屈向右侧横向移动，左腿伸直后向右跟进呈开始姿势，双臂配合摆动。动作完成时间 1~2 秒，动作还原时间 2~3 秒。

4. 组次设计：5~10 次，2~3 组；间歇 30~60 秒。

5. 注意事项：教练员可逐渐增加阻力，根据运动员情况控制好阻力大小，移动时身体不要转动。

6. 训练部位：股四头肌、股外侧肌、臀大肌、腓骨长肌。

练习 44　半蹲纵向蹬伸移动

a

b

c

1. 开始姿势：上体保持正直，双脚左右开立与肩同宽，髋膝微屈，脚尖向前，弹力带环绕于腰部并成绷紧状态，抬头收腹，微含胸。

2. 固定位置：弹力带固定于前方教练员手中。

3. 训练方法：右腿保持微屈向后侧纵向移动，左脚落地后右腿重复左腿动作，双臂配合摆动。动作完成时间 1~2 秒，动作还原时间 2~3 秒。

4. 组次设计：5~10 次，2~3 组；间歇 30~60 秒。

5. 注意事项：教练员可逐渐增加阻力，根据运动员情况控制好阻力大小，移动时身体不要转动。

6. 训练部位：臀大肌、腓肠肌、比目鱼肌、腓骨短肌。

练习 45　牵拉向前行进弓步走

a　b　c　d

1. 开始姿势：身体保持正直，双脚直立站立，双臂在身体两侧，脚尖向前，弹力带环绕于腹部位置并成绷紧状态，抬头收腹，微含胸。

2. 固定位置：弹力带固定于身体后方的教练员手中。

3. 训练方法：运动员做向前摆腿与摆臂呈弓步的姿势，尽量加大弓步距离，左右腿交替进行，动作完成时间 1~2 秒。

4. 组次设计：10~15 次；2~3 组；间歇 30~60 秒。

5. 注意事项：要充分蹬摆，呈弓步时身体不能后仰、前倾，前方腿膝盖不要超过脚尖，后方腿要尽量蹬直。教练员要根据运动员水平的高低确定阻力的大小。

6. 训练部位：臀大肌、髂腰肌、股四头肌、肱二头肌。

练习 46 向前蹬摆呈弓步

a

b

c

1. 开始姿势：身体保持正直，双脚直立站立，脚尖向前，两条弹力带分别环绕于腹部和膝盖上方并成绷紧状态，抬头收腹，微含胸。

2. 固定位置：弹力带固定于身体后方。

3. 训练方法：运动员做快速向前摆腿与摆臂呈弓步的姿势，左右腿交替进行，动作完成时间 1~2 秒，动作还原时间 2~3 秒。

4. 组次设计：10~15 次；2~3 组；间歇 30~60 秒。

5. 注意事项：要充分快速蹬摆，加大摆动幅度，呈弓步时身体不能后仰、前倾，前方腿膝盖不要超过脚尖，后方腿要尽量蹬直。

6. 训练部位：臀大肌、腓肠肌、髂腰肌、肱四头肌、股直肌。

练习 47　牵拉向前高抬腿

a

b

c

d

1. 开始姿势：身体保持正直，双脚开立与肩同宽，脚尖向前，弹力带环绕于腹部并成绷紧状态，抬头收腹，微含胸。

2. 固定位置：弹力带固定于教练员手中。

3. 训练方法：运动员做快速高抬腿行进跑，教练员在后面给予一定的阻力。

4. 组次设计：组数 2~3 组，间歇 30~60 秒。

5. 注意事项：完成距离的长短和教练员员所给阻力的大小，可根据运动员的水平高低做适当的调整。高抬腿跑时不要低头，抬腿高度要与髋平行或略高于髋。

6. 训练部位：髂腰肌、肱四头肌、肱二头肌。

练习 48　牵拉向前行进跑

a

b

c

1. 开始姿势：身体保持正直，双脚直立站立，脚尖向前，弹力带环绕于腹部并成绷紧状态，抬头收腹，微含胸。

2. 固定位置：弹力带固定于教练员手中。

3. 训练方法：运动员做快速向前行进跑，教练员在后面给予一定的阻力。

4. 组次设计：组数 2~3 组，间歇 30~60 秒。

5. 注意事项：完成距离的长短和教练员所给阻力的大小，可根据运动员的水平高低做适当的调整。行进跑时不要低头，要充分抬腿蹬伸。

6. 训练部位：髂腰肌、肱四头肌、肱二头肌。

练习 49 单腿直立抬腿

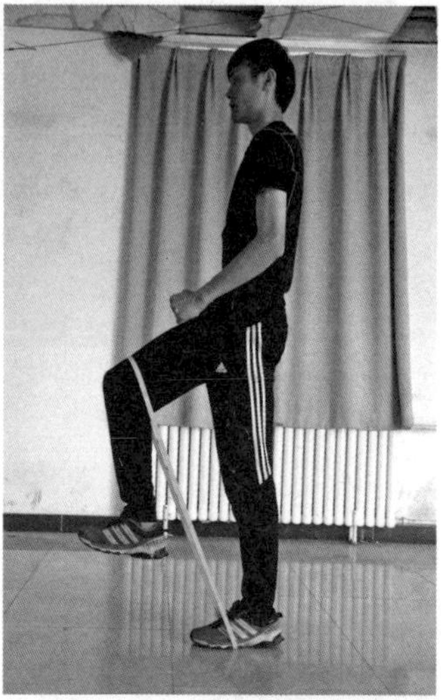
a

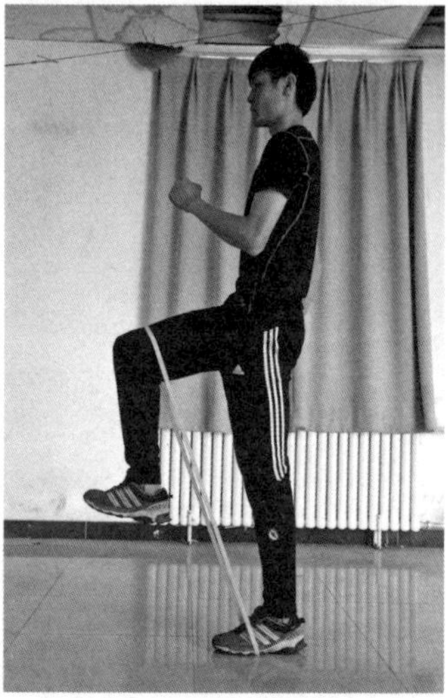
b

c

d

1. 开始姿势：左腿直膝站立，右腿微抬起，弹力带绕过右腿膝盖上方并成绷紧状态，抬头，微含胸，收紧腹部。

2. 固定位置：弹力带固定于左脚下方。

3. 训练方法：右腿缓慢向上方抬起，双臂配合摆动，直至大腿与髋部呈 90°，然后缓慢还原至开始姿势。动作完成时间 1~2 秒，动作还原时间 2~3 秒。

4. 组次设计：10~15 次；2~3 组；间歇 30~60 秒。

5. 注意事项：脚尖始终保持向上勾紧状态，支撑脚脚后跟不要抬起，身体保持稳定，不要左右晃动。

6. 训练部位：肱四头肌、髂腰肌、股直肌。

练习 50　俯卧单腿牵拉

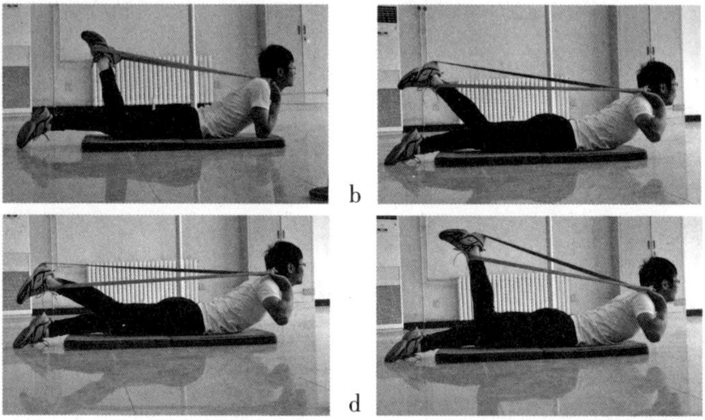

a　b　c　d

1. 开始姿势：身体俯卧在训练垫上，单肘支撑，支撑肘同侧小腿向上摆起与大腿成 90°，弹力带环绕于抬起小腿的脚背并成绷紧状态。

2. 固定位置：弹力带固定于支撑肘手掌中。

3. 训练方法：上体保持稳定，抬起小腿缓慢下压直至最大幅度，然后缓慢还原至开始姿势。动作完成时间 1~2 秒，动作还原时间 2~3 秒。

4. 组次设计：10~15 次；2~3 组；间歇 30~60 秒。

5. 注意事项：小腿下压时上体不要随之向上移动，保持稳定，从而给予一定的阻力。

6. 训练部位：腓肠肌、胫骨前肌、腓骨短肌。

练习 51　单膝跪姿单腿后蹬

a

b

c

d

1. 开始姿势：双手双膝支撑于地面，掌尖向前，弹力带分别绕过右腿膝盖上方和左脚底并成绷紧状态，大腿分别与髋部和小腿保持 90°。

2. 固定位置：弹力带固定于右膝上方。

3. 训练方法：左腿缓慢做向后蹬伸动作，直至蹬直，然后缓慢还原至开始姿势。动作完成时间 1~2 秒，动作还原时间 2~3 秒。

4. 组次设计：10~15 次；2~3 组；间歇 30~60 秒。

5. 注意事项：头部与上体保持一条直线，不能塌腰，臀部不能后坐，左腿蹬伸时，髋部不要随之转动。

6. 训练部位：臀大肌、趾长伸肌腱、肱二头肌、半腱肌。

练习 52　单膝跪姿髋部外展

a　b　c　d

1. 开始姿势：双手双膝支撑于地面，掌尖向前，弹力带分别绕过两腿膝盖上方并成绷紧状态，大腿分别与髋部和小腿保持 90°。

2. 固定位置：弹力带分别固定于双腿膝盖上方。

3. 训练方法：右腿缓慢做外展动作，直至与髋部呈水平状态，然后缓慢还原至开始姿势。动作完成时间 1~2 秒，动作还原时间 2~3 秒。

4. 组次设计：10~15 次；2~3 组；间歇 30~60 秒。

5. 注意事项：头部与上体保持一条直线，不能塌腰，臀部不能后坐，左腿外展时，身体不要随之转动。

6. 训练部位：髂腰肌、股外侧肌、缝匠肌。

练习 53　单膝跪姿体前屈

a

b

c

d

1. 开始姿势：弓步，上体保持直立，双手紧握弹力带，双臂直臂与地面保持垂直并成绷紧状态，拳心向上，背部挺直，收紧腹部。

2. 固定位置：弹力带固定于左侧身后。

3. 训练方法：双臂直臂缓慢做体前屈动作，直至个人最大幅度，然后缓慢还原至开始姿势。动作完成时间 1~2 秒，动作还原时间 2~3 秒。

4. 组次设计：10~15 次；2~3 组；间歇 30~60 秒。

5. 注意事项：前、后腿分别屈曲成 90°，右腿膝盖垂直面不能超过右脚尖，要靠屈体的力量带动双臂前拉，主要体会屈体动作。

6. 训练部位：髂腰肌、缝匠肌、掌长肌腱、背阔肌。

练习 54　单膝跪姿跨栏起跨腿练习

a　b　c　d

1. 开始姿势：单膝跪姿，双臂直臂支撑于训练垫上，跨栏起跨腿直腿悬空与身体成一条直线，弹力带环绕于摆动腿脚面上方并成紧绷状态。

2. 固定位置：弹力带固定于身体正后方。

3. 训练方法：起跨腿缓慢做提拉练习，然后缓慢还原至开始姿势。动作完成时间 1~2 秒，动作还原时间 2~3 秒。

4. 组次设计：10~15 次；2~3 组；间歇 30~60 秒。

5. 注意事项：展髋、提膝有较大的幅度，减小身体扭转，练习速度由慢到快。

6. 训练部位：股四头肌、髂腰肌、趾长伸肌腱、股二头肌。

练习 55　坐姿收腿

a

b

c

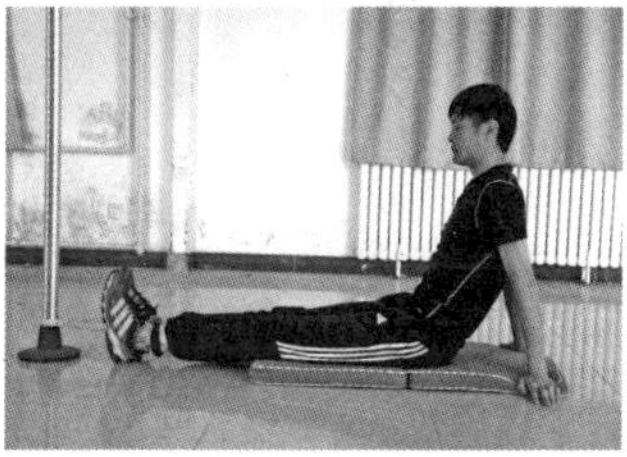

d

1. 开始姿势：双手撑地，双腿伸直坐于地面，上体与髋部约 60°，脚尖向上，弹力带环绕于脚背并成绷紧状态，抬头收腹，微含胸。

2. 固定位置：弹力带固定于脚底前方。

3. 训练方法：双腿缓慢屈腿直至大腿与髋部、小腿分别呈 90°，然后缓慢还原至开始姿势。动作完成时间 1~2 秒，动作还原时间 2~3 秒。

4. 组次设计：10~15 次；2~3 组；间歇 30~60 秒。

5. 注意事项：收腿时上体不要前后移动，头部与身体保持一条直线，目视前方。

6. 训练部位：趾长伸肌腱、胫骨前肌、股直肌、股四头肌。

练习 56　坐姿单腿上摆

a
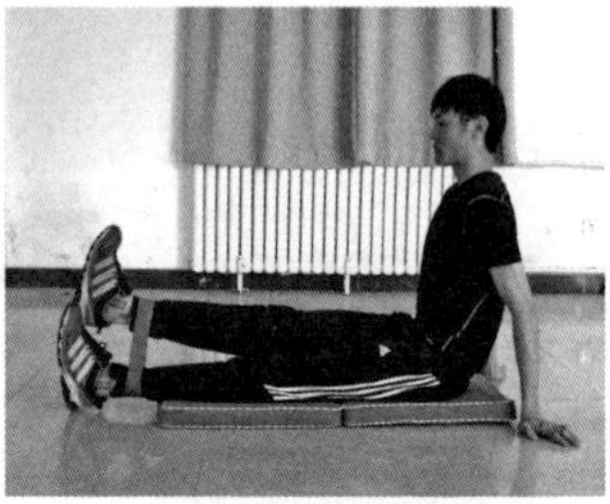
b

c

d

1. 开始姿势：双手撑地，双腿伸直立于地面，上体与髋部约 60°，脚尖向上，弹力带环绕于双脚脚踝上方并成绷紧状态。

2. 固定位置：弹力带固定于脚底前方。

3. 训练方法：单腿直腿缓慢向上摆动，然后缓慢还原至开始姿势，双腿交替向上摆动。动作完成时间 1~2 秒，动作还原时间 2~3 秒。

4. 组次设计：10~15 次；2~3 组；间歇 30~60 秒。

5. 注意事项：摆腿时上体不要前后移动，头部与身体保持一条直线，目视前方。

6. 训练部位：胫骨前肌、胫骨长肌、缝匠肌、股直肌、股四头肌。

练习 57　坐姿双腿外展

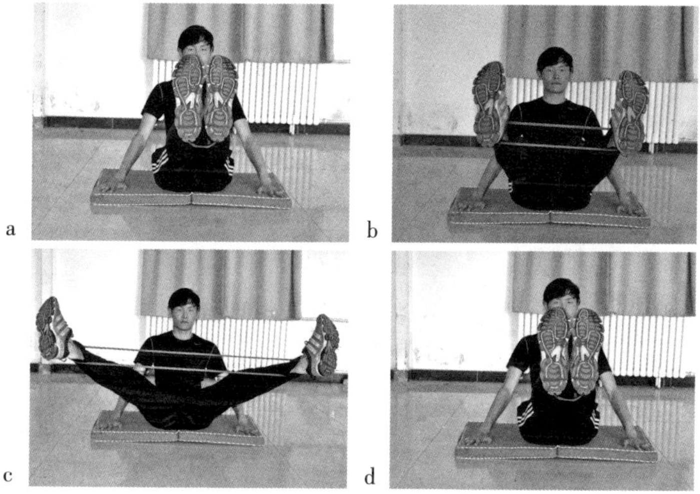

1. 开始姿势：身体坐于训练垫上，双腿直腿向上抬起成悬空状态，弹力带环绕于双脚脚踝上方并成绷紧状态。

2. 固定位置：弹力带固定于双脚脚踝上方。

3. 训练方法：双腿同时做外展动作直至最大幅度，然后缓慢还原至开始姿势。动作完成时间 1~2 秒，动作还原时间 2~3 秒。

4. 组次设计：10~15 次；2~3 组；间歇 30~60 秒。

5. 注意事项：外展时腰部要挺直，不要弯腰。

6. 训练部位：股外侧肌、髂腰肌、股直肌。

练习 58　仰卧挺髋

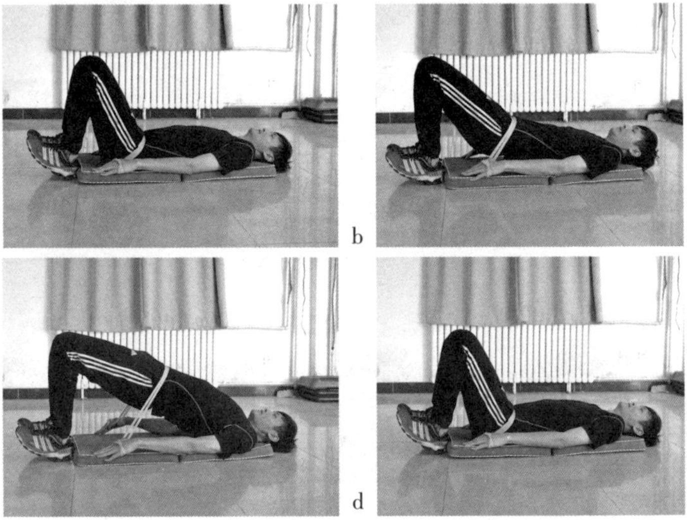

a　b　c　d

1. 开始姿势：双腿保持收腿状态，脚尖向上勾起，脚跟支撑于地面，身体仰卧于训练垫上，弹力带环绕于双手手腕处于髋部上方并成绷紧状态。

2. 固定位置：弹力带环绕于双手中。

3. 训练方法：缓慢向上挺髋直至髋部充分展开，然后缓慢还原至开始姿势。动作完成时间 1~2 秒，动作还原时间 2~3 秒。

4. 组次设计：10~15 次；　2~3 组；间歇　30~60 秒。

5. 注意事项：挺髋时脚尖要时刻保持向上勾紧状态，不能抬头。

6. 训练部位：腹直肌、背阔肌、竖脊肌。

练习 59　牵拉蹬摆上抬

a

b

c

1. 开始姿势：身体保持正直站立于地面，脚尖向前，两条弹力带分别环绕于腹部和膝盖上方的位置，抬头收腹，微含胸。

2. 固定位置：弹力带固定于身体后方。

3. 训练方法：在运动员正前方摆放一个跳箱或者跳板，运动员高频率助跑踏在跳箱或者跳板上面，积极蹬伸摆腿，左右腿交替进行，动作完成时间 1~2 秒，动作还原时间 2~3 秒。

4. 组次设计：10~15 次；2~3 组；间歇 30~60 秒。

5. 注意事项：助跑时要充分提高频率，要充分快速蹬摆，不能后仰、前倾，提高重心，摆动腿要加大摆动幅度，起跳腿充分蹬直。

6. 训练部位：腹直肌、股四头肌、股二头肌、股直肌、髂腰肌。

练习 60　双牵拉向后移动

a

b

c

1. 开始姿势：双腿微屈，两脚前后站立，后方脚前脚掌支撑于地面，两条弹力带分别环绕于两腿膝关节和踝关节上方并成绷紧状态。

2. 固定位置：两条弹力带分别环绕于膝关节和踝关节上方。

3. 训练方法：后方腿向后移动一小步，前方腿向后跟进成开始姿势。动作完成时间 1~2 秒，动作还原时间 2~3 秒。

4. 组次设计：10~15 次；2~3 组；间歇 30~60 秒。

5. 注意事项：后方脚始终前脚掌支撑地面，前方脚跟进步幅不要过大，使弹力带始终保持绷紧状态。

6. 训练部位：胫骨前肌、腓肠肌、股直肌。

练习 61　双牵拉向前移动

a

b

c

1. 开始姿势：双腿微屈前后站立，后脚前脚掌支撑于地面，两条弹力带分别环绕于两腿的膝关节和踝关节上方并成绷紧状态。

2. 固定位置：两条弹力带分别环绕于膝关节上方和踝关节上方。

3. 训练方法：前方腿向前移动一小步，后方腿向前跟进呈开始姿势。动作完成时间 1~2 秒，动作还原时间 2~3 秒。

4. 组次设计：10~15 次；2~3 组；间歇 30~60 秒。

5. 注意事项：后方脚始终前脚掌支撑地面，后方腿跟进步幅不要过大，使弹力带始终保持绷紧状态。

6. 训练部位：胫骨前肌、腓肠肌、股直肌。

练习 62　双牵拉横向移动

a

b

c

1. 开始姿势：双腿微屈左右开立，微含胸，两条弹力带分别环绕于两腿的膝关节和踝关节上方，弹力带保持绷紧状态。

2. 固定位置：两条弹力带分别环绕于膝关节和踝关节上方。

3. 训练方法：左侧腿向左移动一小步，右侧腿向左侧跟进呈开始姿势。动作完成时间 1~2 秒，动作还原时间 2~3 秒。

4. 组次设计：10~15 次；2~3 组；间歇 30~60 秒。

5. 注意事项：右侧腿跟进步幅不要过大，使弹力带始终保持绷紧状态。

6. 训练部位：股外侧肌、半腱肌、比目鱼肌、髂腰肌。

练习 63　双牵拉向前成弓步

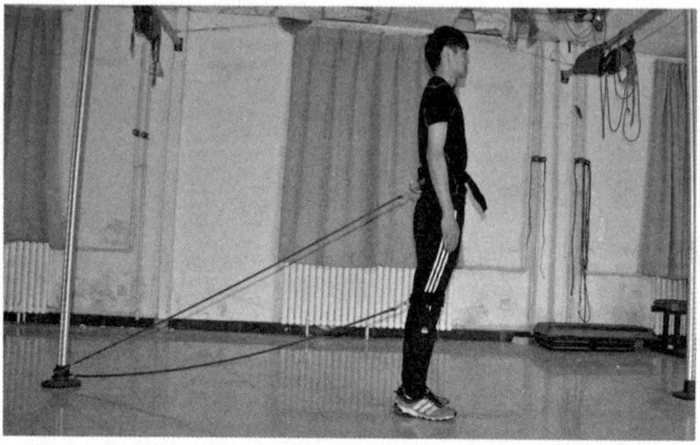
a

b

c

1. 开始姿势：双腿微屈站立，上体微含胸，两臂于身体两侧，两条弹力带分别环绕于腰部和右腿膝盖上方并成绷紧状态。

2. 固定位置：两条弹力带固定于身体正后方。

3. 训练方法：两腿同时用力蹬地，双臂配合摆动，右腿蹬离地面向前跨步成弓步状态，然后缓慢还原至开始姿势。动作完成时间 1~2 秒，动作还原时间 2~3 秒。

4. 组次设计：10~15 次；2~3 组；间歇 30~60 秒。

5. 注意事项：跨步幅度要大，成弓步时身体要保持稳定，双臂要配合摆动。

6. 训练部位：髂腰肌、缝匠肌、股四头肌、股二头肌、腓肠肌。

练习 64　牵拉转身侧向呈弓步

a

b

c

1. 开始姿势： 双腿微屈，身体稍前倾，弹力带环绕于髋部上方并成绷紧状态。

2. 固定位置： 弹力带固定于身体正侧方。

3. 训练方法：内侧腿向外侧方向快速转动成弓步，然后缓慢还原至开始姿势。动作完成时间 1~2 秒，动作还原时间 2~3 秒。

4. 组次设计：10~15 次；2~3 组；间歇 30~60 秒。

5. 注意事项： 内侧腿转动时速度要快，头看前方。

6. 训练部位：髂腰肌、臀大肌、腓肠肌、股四头肌。

练习 65　牵拉侧向蹬伸

a

b

c

1. 开始姿势： 双腿微屈，身体稍前倾，弹力带环绕于髋部上方并成绷紧状态。

2. 固定位置： 弹力带固定于身体正侧方。

3. 训练方法：快速做侧方蹬伸练习至弹力带受力的最大限度，然后缓慢还原至开始姿势。动作完成时间 1~2 秒，动作还原时间 2~3 秒。

4. 组次设计：10~15 次；2~3 组；间歇 30~60 秒。

5. 注意事项： 蹬伸时脚步要充分蹬伸，干净利索，避免出现拖沓。

6. 训练部位：髂腰肌、臀大肌、腓肠肌、股四头肌、股外侧肌、股内侧肌。

练习 66　双牵拉前摆成弓步

a

b

c

1. 开始姿势：双腿微屈站立，上体前倾，双臂于身体两侧，三条弹力带分别环绕于腰部和双手手掌中并成绷紧状态。

2. 固定位置：三条弹力带固定于身体正后方。

3. 训练方法：右腿与双臂同时向前摆动成弓步状态，双臂上摆置于头顶两侧，然后缓慢还原至开始姿势。动作完成时间 1~2 秒，动作还原时间 2~3 秒。

4. 组次设计：10~15 次；2~3 组；间歇 30~60 秒。

5. 注意事项：身体要保持稳定，双臂与腿同时摆动。

6. 训练部位：腹直肌、臀大肌、三角肌、腓肠肌、髂腰肌。

练习 67　双牵拉抱球向前成弓步

a

b

c

1. 开始姿势：双腿微屈站立，上体微含胸，双手抱球于身体正前方，两条弹力带分别环绕于腰部和左腿膝盖上方并成绷紧状态。

2. 固定位置：两条弹力带固定于身体正后方。

3. 训练方法：右腿用力向前蹬摆呈弓步的同时，双手抱球配合摆动至身体前上方，然后缓慢还原至开始姿势。动作完成时间 1~2 秒，动作还原时间 2~3 秒。

4. 组次设计：10~15 次；2~3 组；间歇 30~60 秒。

5. 注意事项：跨步幅度要大，成弓步时身体要保持稳定，双臂与腿同时摆动。

6. 训练部位：腹直肌、臀大肌、三角肌、腓肠肌、髂腰肌。

三、核心稳定性训练

核心稳定性训练是任何运动项目训练中不可或缺的，它不仅可以增强身体的稳定性，而且还可以增强运动员在比赛中的专项动作控制能力，从而使运动员有比较稳定的发挥。通过用弹力带进行核心稳定训练，可以从不同角度进行阻力核心稳定训练，进一步加强训练动作控制的难度，提高运动员的动作控制能力。

练习 68　双腿悬空仰卧收腹

a

b

c

1. 开始姿势：身体仰卧于训练垫上，大腿分别与小腿和髋部保持 90°悬于空中。弹力带环绕于双手手掌与背部，双臂伸直使其成绷紧状态。

2. 固定位置：弹力带固定于背部下。

3. 训练方法：身体缓慢向上收腹直至个人最大幅度，然后缓慢还原至开始姿势。动作完成时间 1~2 秒，动作还原时间 2~3 秒。

4. 组次设计：10~15 次；2~3 组；间歇 30~60 秒。

5. 注意事项：收腹时双臂始终保持直臂状态，弹力带始终成绷紧状态，双腿始终保持悬空不动。

6. 训练部位：腹直肌、背阔肌。

练习 69　上体悬空双臂直臂前摆

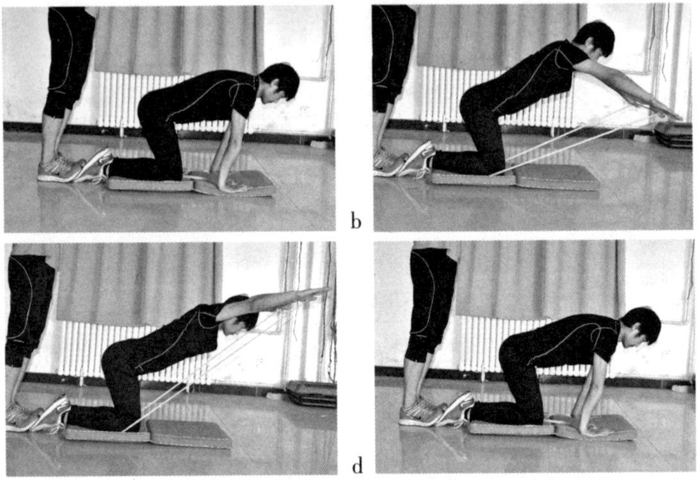

a　b　c　d

1. 开始姿势：双膝成跪姿，上体前倾双手撑于垫上，弹力带环绕于双手手掌间并成绷紧状态。

2. 固定位置：弹力带固定于双膝下方。

3. 训练方法：双臂保持直臂缓慢向前上方摆动至最大幅度，然后缓慢还原至开始姿势。动作完成时间 1~2 秒，动作还原时间 2~3 秒。

4. 组次设计：10~15 次；2~3 组；间歇 30~60 秒。

5. 注意事项：上体始终保持悬空状态，教练员压住运动员双脚给予一定的辅助。

6. 训练部位：背阔肌、三角肌、肱三头肌。

练习 70　半仰卧单腿牵拉

a

b

c

d

1. 开始姿势：身体成半仰卧姿势于训练垫上，右腿上摆至与地面垂直，弹力带环绕于右脚脚底与双手手掌并成绷紧状态。

2. 固定位置：弹力带环绕于脚底与双手手掌。

3. 训练方法：右腿保持静止，双手紧握弹力带，上体缓慢向下移动直至仰卧于训练垫上，然后缓慢还原至开始姿势。动作完成时间 1~2 秒，动作还原时间 2~3 秒。

4. 组次设计：10~15 次；2~3 组；间歇 30~60 秒。

5. 注意事项：上体向下移动时左腿保持静止，不要随身体移动而摆动。

6. 训练部位：腹直肌、背阔肌、腓骨短肌。

练习 71　仰卧瑞士球双臂前摆

a　b　c　d

1. 开始姿势：身体背部仰卧于瑞士球上，双手紧握弹力带，挺髋，大腿与小腿保持 90°，双脚脚跟支撑于地面。

2. 固定位置：弹力带固定于身后水平位置。

3. 训练方法：双臂直臂缓慢向前上方摆动，直至双臂与地面成 90°，然后缓慢还原至开始姿势。动作完成时间 1~2 秒，动作还原时间 2~3 秒。

4. 组次设计：5~10 次；2~3 组；间歇 30~60 秒。

5. 注意事项：头部与上体保持一条直线，不能塌腰，身体要稳定在瑞士球上，双臂摆动时，身体保持正直，不能左右晃动。

6. 训练部位：肱三头肌、三角肌、斜方肌。

练习 72　仰卧瑞士球单臂侧拉

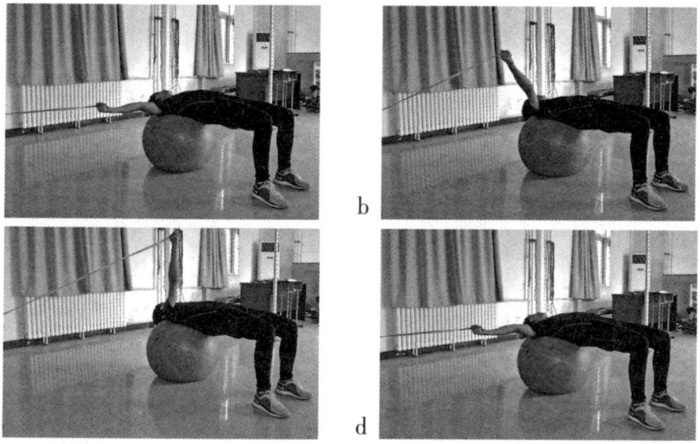

a　b　c　d

1. 开始姿势：身体背部仰卧于瑞士球上，右手紧握弹力带，右臂展开与肩横轴平行，左臂屈臂放于胸前，挺髋，大腿与小腿保持 90°，双脚脚跟支撑于地面。

2. 固定位置：弹力带固定于身体右侧上方。

3. 训练方法：右臂直臂以右肩为轴向左侧平拉，直至与右肩成 90°，然后缓慢还原至开始姿势。动作完成时间 1~2 秒，动作还原时间 2~3 秒。

4. 组次设计：5~10 次；2~3 组；间歇 30~60 秒。

5. 注意事项：头部与上体保持一条直线，不能塌腰，身体要稳定在瑞士球上，单臂拉动时，身体保持正直，不能随之转动。

6. 训练部位：胸大肌、三角肌、肱桡肌。

练习 73　单腿直立抬腿

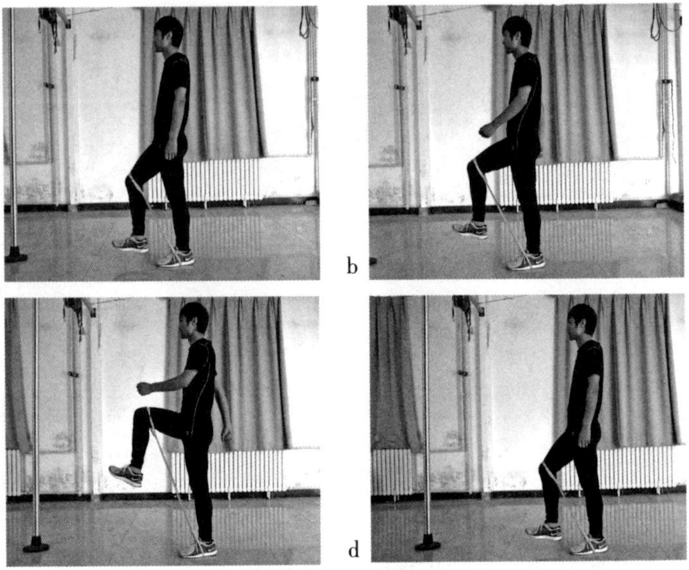

a　b　c　d

1. 开始姿势：左腿直膝站立于地面，右腿微抬起，弹力带绕过右腿膝盖上方并成绷紧状态，双臂保持直臂于身体两侧。

2. 固定位置：弹力带固定于左腿脚下方。

3. 训练方法：右腿缓慢向上方抬起，双臂配合摆动，直至大腿与髋部成 90°，然后缓慢还原至开始姿势。动作完成时间 1~2 秒，动作还原时间 2~3 秒。

4. 组次设计： 10~15 次；2~3 组；间歇 30~60 秒。

5. 注意事项：脚尖始终保持向上勾紧状态，支撑脚脚后跟不要抬起，身体保持稳定，不要左右晃动。

6. 训练部位：臀大肌、股四头肌、髂腰肌。

练习 74　单腿稳定性练习

a

b

c

d

1. 开始姿势：右腿直膝站于地面，左腿抬起，脚尖向上勾紧，双手十指相扣紧握弹力带并成绷紧状态。

2. 固定位置：弹力带固定于身体右侧斜下方。

3. 训练方法：双臂直臂缓慢向左侧水平拉动，直至左肩正前方，然后缓慢还原至开始姿势。动作完成时间 1~2 秒，动作还原时间 2~3 秒。

4. 组次设计：5~10 次；2~3 组；间歇 30~60 秒。

5. 注意事项：右腿抬起，大腿与髋和小腿分别成 90°，大腿与地面保持平行，双臂移动时，上体不能转动，尤其是肩部。

6. 训练部位：三角肌、肱桡肌、大圆肌。

练习 75　侧桥单臂侧平拉

a

b

c

d

1. 开始姿势：右手直臂支撑于地面成侧桥状态，左臂于左肩正前方，双手紧握弹力带并成绷紧状态。

2. 固定位置：弹力带分别套在双手手掌中，从双手拇指间绕过。

3. 训练方法：左臂保持直臂向侧上方平拉，直至与肩横轴成一条直线，然后缓慢还原至开始姿势。动作完成时间 1~2 秒，动作还原时间 2~3 秒。

4. 组次设计：5~10 次；2~3 组；间歇 30~60 秒。

5. 注意事项：身体从头到脚要保持一条直线，腰部不能下塌，上体保持稳定。

6. 训练部位：胸大肌、冈下肌、三角肌。

练习 76　侧桥向上摆腿

a

b
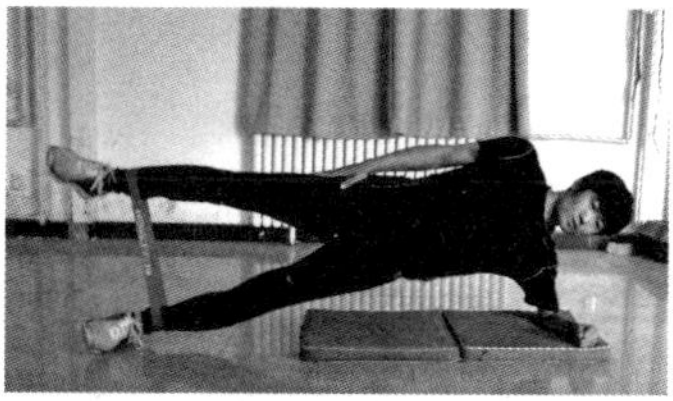

c
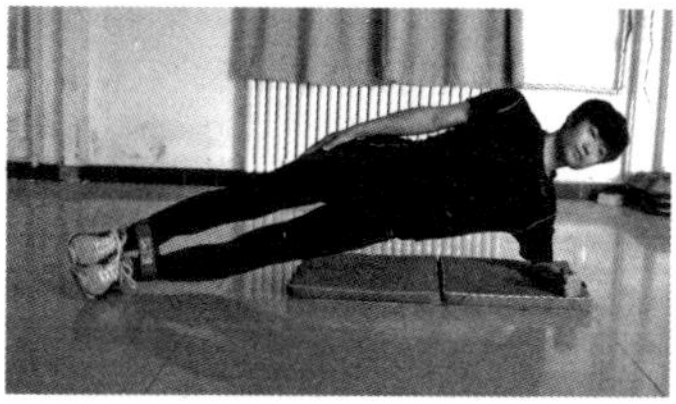

1. 开始姿势：左臂直臂撑于垫上，双腿保持直腿，身体成侧桥状态。弹力带环绕于双脚脚踝上方并成绷紧状态，头部与身体保持一条直线。

2. 固定位置：弹力带固定于双脚脚踝上方。

3. 训练方法：单腿直腿缓慢向上摆动，然后缓慢还原至开始姿势。动作完成时间 1~2 秒，动作还原时间 2~3 秒。

4. 组次设计：10~15 次；2~3 组；间歇 30~60 秒。

5. 注意事项：摆腿时支撑腿不要向上摆动，髋部与双腿不要下塌，头部与身体保持一条直线，目视前方。

6. 训练部位：腓骨长肌、髂腰肌、股四头肌。

练习 77　背桥单腿上摆

a

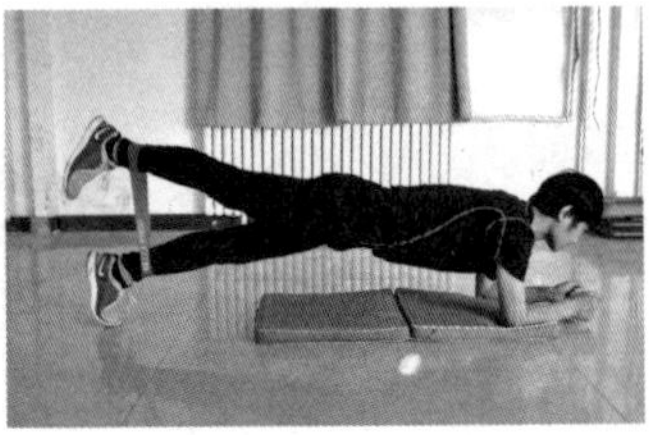
b

c

1. 开始姿势：身体成背桥状态，双腿保持直腿，脚尖与双肘支撑于地面。弹力带环绕于双脚脚踝上方并成绷紧状态，抬头。

2. 固定位置：弹力带固定于双脚脚踝上方。

3. 训练方法：单腿直腿缓慢向上摆动，然后缓慢还原至开始姿势，双腿交替向上摆动。动作完成时间 1~2 秒，动作还原时间 2~3 秒。

4. 组次设计：10~15 次；2~3 组；间歇 30~60 秒。

5. 注意事项：摆腿时支撑腿不要向上摆动，头部与身体保持一条直线，目视前方。

6. 训练部位：肱二头肌、腓肠肌、臀大肌。

四、结合专项技术训练

训练方法追求的是因果效应，其手段应以专项为中心，这是当今世界高水平运动员训练的一个趋势。当然，这并不只是一味地训练专项技术，而是着眼于练习手段设计的目的是否和专项有关，是否对促进专项成绩有帮助。所以，在平时的训练中，不仅要达到运动员竞技能力能量储备的目的，还要达到加强专项技术能力的目的，以此来提高运动员的基本身体素质和专项技术能力。

练习 78　牵拉向前高抬腿

a

b

c

d

1. 开始姿势：身体保持正直，双脚开立与肩同宽，脚尖向前。弹力带环绕于腹部并成绷紧状态。抬头收腹，微含胸。

2. 固定位置：弹力带固定于教练员手中。

3. 训练方法：运动员做快速高抬腿行进跑，教练员员在后面给予一定的阻力。

4. 组次设计：2~3 组，间歇 30~60 秒。

5. 注意事项：完成距离的长短和教练员员所给阻力的大小，可根据运动员的水平做适当的调整。高抬腿跑时不要低头，抬腿高度要与髋平行或略高于髋。

练习 79　牵拉向前行进跑

a　b　c

1. 开始姿势：身体保持正直，双脚直立站立于地面，脚尖向前。弹力带环绕于腹部并成绷紧状态。抬头收腹，微含胸。

2. 固定位置：弹力带固定于教练员手中。

3. 训练方法：运动员做快速向前行进跑，教练员员在后面给予一定的阻力。

4. 组次设计：2~3 组，间歇 30~60 秒。

5. 注意事项：完成距离的长短和教练员员所给阻力的大小，可根据运动员的水平做适当的调整。行进跑时不要低头，要充分抬腿蹬伸。

练习80　牵拉侧向滑步

a

b

c

1. 开始姿势：双腿微屈，身体稍前倾。弹力带环绕于髋部上方并成绷紧状态。

2. 固定位置：弹力带固定于身体正侧面位置。

3. 训练方法：快速做侧方滑步练习直至承受弹力带的最大限度，然后缓慢还原至开始姿势。动作完成时间 1~2 秒，动作还原时间 2~3 秒。

4. 组次设计：10~15 次；2~3 组；间歇 30~60 秒。

5. 注意事项：滑步时脚步要利索，避免出现拖沓。

练习 81　牵拉转身成弓步

a

b

c

1. 开始姿势：双腿微屈，身体稍前倾。弹力带环绕于髋部上方并成绷紧状态。

2. 固定位置：弹力带固定于身体正侧面。

3. 训练方法：内侧腿向外侧方向快速转动成弓步，然后缓慢还原至开始姿势。动作完成时间 1~2 秒，动作还原时间 2~3 秒。

4. 组次设计：10~15 次；2~3 组；间歇 30~60 秒。

5. 注意事项：内侧腿转动时速度要快，蹬伸要充分。

练习 82 单膝跪姿跨栏起跨腿练习

a b c d

1. 开始姿势：单膝跪地，双臂直臂撑于训练垫上成俯卧姿势，跨栏起跨腿直腿悬空与身体成一条直线。弹力带环绕于摆动腿脚面上方并成紧绷状态。

2. 固定位置：弹力带固定于身体正后方。

3. 训练方法：起跨腿缓慢做提拉练习，然后缓慢还原至开始姿势。动作完成时间 1~2 秒，动作还原时间 2~3 秒。

4. 组次设计：10~15 次；2~3 组；间歇 30~60 秒。

5. 注意事项：展髋、提膝有较大的幅度，减小身体扭转，练习速度由慢到快。

练习 83　牵拉蹬摆上抬

a

b

c

1. 开始姿势：身体保持正直站立，脚尖向前。两条弹力带分别环绕于腹部和膝盖上方，抬头收腹，微含胸。

2. 固定位置：弹力带固定于身体后方。

3. 训练方法：在运动员正前方摆放一个跳箱或者跳板，运动员快速向前跑动两步，第三步踏在跳箱或者跳板上面，并控制住动作成跳远起跳动作。左右腿交替进行，动作完成时间1~2 秒，动作还原时间 2~3 秒。

4. 组次设计：10~15 次；2~3 组；间歇 30~60 秒。

5. 注意事项：助跑时要加快频率，要快速蹬摆，不能后仰前倾，提高重心，摆动腿要加大摆动幅度，起跳腿充分蹬直。

练习 84　徒手原地推铅球技术练习

a

b

c

d

1. 开始姿势：身体成原地投掷铅球的预备姿势。两条弹力带分别环绕于投掷手手掌间和后方腿的膝关节处，并成绷紧状态。

2. 固定位置：弹力带固定于身体正后方。

3. 训练方法：徒手做原地推铅球技术的模仿练习，然后缓慢还原至开始姿势。动作完成时间 1~2 秒，动作还原时间 2~3 秒。

4. 组次设计：10~15 次；2~3 组；间歇 30~60 秒。

5. 注意事项：充分体会由下而上的发力顺序，髋轴与肩轴互相超越，及时制动，保持稳定。

练习 85　徒手推铅球背向滑步技术练习

a

b

c

d

1. 开始姿势：身体成背向滑步投铅球的预备姿势。两条弹力带分别环绕于投掷手手掌间和支撑腿的膝关节处，并成绷紧状态。

2.固定位置：弹力带固定于身体正后方。

3. 训练方法：徒手做推铅球背向滑步技术的模仿练习，然后缓慢还原至开始姿势。动作完成时间 1~2 秒，动作还原时间 2~3 秒。

4. 组次设计：10~15 次；2~3 组；间歇 30~60 秒。

5. 注意事项：滑步动作要一气呵成，避免出现停顿，要控制好身体并保持稳定。

练习 86　原地徒手掷铁饼技术练习

a

b

c

1. 开始姿势：身体成原地投掷铁饼的预备姿势。两条弹力带分别环绕于投掷手手掌间和髋部上方，并成绷紧状态。

2. 固定位置：弹力带固定于身体正后方。

3. 训练方法：徒手做原地投掷铁饼技术的模仿练习，然后缓慢还原至开始姿势。动作完成时间 1~2 秒，动作还原时间 2~3 秒。

4. 组次设计：10~15 次；2~3 组；间歇 30~60 秒。

5. 注意事项：体会由下而上的发力顺序，身体充分展开，体会超越器械的感觉。

练习 87　原地徒手投标枪技术练习

a

b

c

1. 开始姿势：身体成原地投标枪的预备姿势。两条弹力带分别环绕于投掷手手掌间和髋部上方，并成绷紧状态。

2. 固定位置：弹力带固定于身体正后方。

3. 训练方法：徒手做原地投标枪技术的模仿练习，然后缓慢还原至开始姿势。动作完成时间 1~2 秒，动作还原时间 2~3 秒。

4. 组次设计：10~15 次；2~3 组；间歇 30~60 秒。

5. 注意事项：体会由下而上的发力顺序，身体充分展开，体会鞭打的感觉。

参考文献

[1] 李鸿江. 青少年体能锻炼 [M]. 北京：高等教育出版社，2007.

[2] 李鸿江. 田径 [M]. 北京：高等教育出版社，2006.

[3] 田麦久. 运动训练学 [M]. 北京：高等教育出版社，2006.

[4] 国外体育科技与运动训练科学化最新成果丛书. 体能训练指导（上）[M]. 北京：国家体育总局备战2008年奥运会科技专家组，2007.

[5] 国外体育科技与运动训练科学化最新成果丛书. 体能训练指导（下）[M]. 北京：国家体育总局备战2008年奥运会科技专家组，2007.

[6] Vern Gamb. 竞技能力的全面发展——身体功能训练的艺术和科学 [M]. 刘宇，孙明运，译. 北京：北京体育大学出版社，2011.

[7] Donald A.CHU.PHD. 快速伸缩复合训练 [M]. 阮棉芳，尹军，译. 北京：北京体育大学出版社，2011.

[8] 王卫星，蔡有志. 体能——力量训练指南 [M]. 北京：北京体育大学出版社，2006.

[9] 张英波. 现代体能训练方法 [M]. 北京：北京体育大学出版社，2006.

[10] 张英波. 田径体能训练 [M]. 北京：人民体育出版社，2005.

[11] 刘卫军，袁守龙. 牵伸训练［M］. 北京：北京体育大学出版社，2007.

[12] 王瑞元，汪俊，等. 运动生理学［M］. 北京：北京体育大学出版社，2011.

[13] 孙民治. 现代篮球高级教程［M］. 北京：人民体育出版社，2000.

[14] 文超. 田径运动高级教程［M］. 北京：人民体育出版社，2002.

[15] 杨世勇，等. 体能训练学［M］. 成都：四川科学技术出版社，2001.

[16] 孙文新. 现代体能训练——核心力量训练方法［M］. 北京：北京体育大学出版社，2010.

主编简介

李建臣，男，1958 年 1 月生，教授，博士生导师，教育部田径国家级精品课程资源共享课负责人，北京市教学名师，现任首都体育学院田径教研室主任；中国运动训练学会田径专业委员会常委；中国体育科学学会会员；中国田径战略研究会委员。主要研究方向为体育教育训练学、运动技术优化与诊断。

近年来在《中国体育科技》《体育科学》《北京体育大学学报》等国家级核心刊物发表学术论文 43 篇。其中，“田径教育教学体系的构建与发展”获国家体育总局教学成果一等奖；“教学方法手段创新，追求团队卓越表现”获北京市教学成果二等奖；“备战奥运会田径耐力项目科技攻关与服务”“铅球运动员运动学与动力学系统诊断与效益反馈”等共获省部级政府科技进步奖；竞走、铁饼、标枪、撑竿跳高等项目的攻关研究获局级科技攻关奖。出版《现代推铅球运动》《体育产业资本市场创新体系的研究》《田径》《青少年功能性体能训练指导丛书》等教材 13 部、译著 1 部。在奥运会科学大会、亚运会科学大会、全国体育科学大会、国际运动生物力学科学大会等学术会议上宣讲学术论文 76 篇。现承担国家社科基金重点项目课题、教育部财政部田径国家级教学团队、北京市学科与研究生教育等课题研究任务。

谭正则，男，1974 年 9 月生，讲师，硕士学位，前国家

队跳远运动员，国际健将，国际田联教练员，现任首都体育学院田径教研室讲师。2003 年 5 月—2008 年 9 月借调国家田径队担任教练员，为备战雅典、北京奥运会作出了一定的贡献。曾培养出关英楠、黄乐、黄秋燕等多位优秀跳远运动员，在国内外比赛中均获得优秀成绩。